CRISTIAN TRIO

IO HO SCELTO DI FARCELA

The Real Game ChangeR

Titolo

"IO HO SCELTO DI FARCELA"

Autore

Cristian Trio

Foto di copertina

A cura di Marco Craig

Editore

Bruno Editore

Sito internet

http://www.brunoeditore.it

Sommario

Introduzione

Desidero aprire questo libro con questa frase:

"Avevo tutte le carte in regola per *non* farcela".

Ne comprenderai, durante la lettura di queste pagine, il motivo. Ma per fortuna o sfortuna, noi tutti abbiamo a nostro vantaggio un'arma potentissima: la *scelta*.

Sì, la scelta di scegliere ogni cosa, ma in particolar modo, la scelta di scegliere noi stessi, ogni giorno.

La *scelta* delle persone con cui collaborare.
La *scelta* del lavoro.
La *scelta* di evolvere e in che direzione farlo.
La *scelta* di come curare il nostro fisico, la casa che ci accompagnerà per tutta la vita.
La *scelta* di come affrontare ciò che ci accade.
La *scelta* dei mentori.

La *scelta* degli amici.

La *scelta* di come utilizzare il nostro tempo.

La *scelta* di come investire i nostri soldi.

La *scelta* della famiglia.

La *scelta* di cosa mangiare.

La *scelta* di come e quanto allenarci.

La *scelta* di chi amare.

La *scelta* di chi far entrare nella nostra vita.

La *scelta* di come vivere le emozioni.

La *scelta* di cosa comprare.

La *scelta* dei genitori.

Sì, persino dei genitori. Una frase che sembra un ossimoro se la si confronta con quello che la società ci fa credere, lo so; ma nella vita, lasciami dire che *tutto è possibile*, e questo libro nasce proprio per questo. E in parte si basa proprio su questo, si basa sulla mia esperienza personale. Posso affermare che la famiglia non è solo quella di "sangue", ma possiamo sceglierla. Lo scoprirai durante il viaggio, il mio viaggio raccontato questo libro, che desidero far rivivere anche a te, lettore.

Se da una parte ho voluto mettere nero su bianco, appunto, tutte le *scelte* che ho fatto nel corso della mia vita e dimostrare che, se ce l'ho fatta io, ce la può fare chiunque, dall'altro ho dispensato, senza riserva alcuna, tutto ciò che ho imparato e che ho vissuto sulla mia stessa pelle.

Il libro è denso di storie, aneddoti, "fatti privati svelati" e racconti su cui ho voluto far luce, che mi auguro vivamente siano per te fonte d'ispirazione, poca o tanta che sia. Sono presenti qua e là una serie di aforismi che hanno per me cambiato profondamente alcuni miei approcci alla vita. Il tutto, senza mai osservare niente e nessuno "dall'alto", tanto meno con la presunzione di far passare le mie convinzioni come dogmi assoluti, ma semplicemente esponendo i fatti e le considerazioni a cui sono giunto a seguito di ciò che ho vissuto. A volte ho inserito anche strumenti pratici ed esercizi.

Il trascorso di chiunque è caratterizzato da insidie, tempeste, persone malsane attorno ma anche di favole a lieto fine e successi. Ecco, qui troverai entrambe le facce della stessa medaglia. Ho voluto porre particolare attenzione su: "Avevo tutte le carte in regola per *non* farcela, e invece…"

Grazie alle scelte di ogni giorno, determinazione, tenacia, coraggio e al fatto che mi metto in gioco costantemente, quelle carte in tavola, non propriamente degli "assi", le ho volute giocare a mio vantaggio. Certo, passando dal dolore, dalla frustrazione e dalla sofferenza. Oggi chi sono io, Cristian Trio, lo posso annunciare fieramente, perché sono consapevole di tutto il lavoro che c'è stato dietro le quinte e che la maggior parte delle persone non si sofferma a scrutare, a volte, per una sorta di comodità.

La versione moderna di Cristian Trio è l'insieme di tutte quelle parti di me che oggi non rinnego più e che, anzi, ho voluto far emergere e descrivere in questo libro. Anche loro hanno contribuito al mio presente. Il Cristian, figlio di una donna scappata in Italia, da sola, dal suo Paese d'origine, la Serbia, perché non avrebbe mai avuto né una vita semplice né appagante, ma anzi vincolata e caratterizzata da soprusi.

Il Cristian, figlio di un uomo che non lo ha mai considerato un figlio, ma che al contrario, ha fatto sì che passasse una parte della vita in costante frustrazione e trascorsa quasi in un modo in cui nessuna vita dovrebbe mai essere vissuta.

Il Cristian picchiato da quella che dovrebbe rappresentare un'istituzione, una maestra, favorendo anche episodi di bullismo, prese in giro e umiliazioni da parte dei compagni di classe.

Il Cristian, che per anni si è sentito schifato e inadeguato da quel corpo *diverso* da quello degli altri, perché alto, perché con un numero di piede "enorme" rispetto alla media e una costituzione da "gigante".

Il Cristian che, quando si è messo dinnanzi ai propri demoni, ha sofferto le pene dell'inferno per riuscire a reagire e superare tutto.

Il Cristian che non si è risparmiato in niente scrivendo questo libro, rivivendo ciascun episodio con trasporto e fervore, con l'unico obiettivo di trasmettere più lezioni possibili a questo mondo.

Sono consapevole che siano verità scomode, che intaccano quelli che sono i "luoghi comuni" accettati per un quieto vivere, ma ritengo giusto mettere sempre in discussione i cliché imposti: chi dice cosa? Chi definisce il giusto o lo sbagliato?

Per ciascuna di queste esperienze, cercando di immaginare cosa potresti provare tu lettore nel leggere le mie parole, ho voluto farti arrivare tutti gli insegnamenti che mi hanno lasciato qualcosa, permettendo la mia rinascita, avvenuta passo dopo passo e incoronata grazie a queste pagine.

Oggi mi sento, nonostante tutto, che non sia ancora "fatta". È solo appena iniziato questo meraviglioso viaggio chiamato vita…

Il mio augurio per te è quello di poter rivedere e rielaborare la tua interiorità, perché fa parte della tua vita e ti ha permesso di essere chi sei oggi.

E se per qualche motivo, il *te stesso* non ti dovesse piacere, ricorda…

La scelta.

La scelta mi ha permesso di creare la mia vera famiglia, *Ohana*.

La scelta mi ha permesso di diventare un imprenditore di successo.

La scelta mi ha permesso di formarmi e crescere, evolvendo come uomo, nello spirito.

La scelta mi ha permesso di amarmi in tutto e per tutto.

La scelta mi ha permesso di vivere un 2020 straordinario, tanto da tatuarlo sul mio braccio.

La scelta mi ha permesso il perdono.

La scelta mi ha permesso la pace.

La scelta mi ha permesso, semplicemente,

la vita.

Ed è la stessa vita che tu meriti di avere, perché puoi sempre…

scegliere!

Questo libro è per me.

Questo libro è per te.

Buona lettura.

Buona scelta.

Capitolo 1:
Subisco il dolore, la vittima bambino

Sono nato in una famiglia che la maggior parte delle persone al mondo definirebbe disfunzionale: povera e con livelli d'istruzione limitati. Senza andare troppo lontano con le generazioni, i miei nonni erano degli umili operai. Quelli materni, oltretutto, anche stranieri e ancora oggi uno dei due non parla ancora nemmeno molto bene l'italiano. Provengono da paesi con leggi talmente restrittive che non vi era nemmeno la possibilità di avere una propria "testa" con cui ragionare.

Oltre a questo, se da una parte mia madre oggi è persino la mia socia, perché ci siamo *scelti* e non per una questione d'obbligo dovuto al rapporto "madre/figlio", dall'altro io, Cristian, ho avuto un padre "solo" biologico. Sì, perché lui non è mai esistito nella mia vita o meglio, in parte sì, ma di certo non siamo stati la classica famiglia del "Mulino Bianco", quella in cui tutti sorridono, sono uniti, hanno una vita bella e felice, invidiata da tutti quelli che li guardano dall'esterno. Anzi, i suoi genitori, mi hanno persino considerato, usando le loro testuali parole, un figlio di "serie B".

Va da sé che personalmente, non solo non ho avuto riferimenti maschili, ma oltretutto le umiliazioni erano dietro l'angolo costantemente. Ma, come detto, la *scelta* è stata fin da bambino di focalizzarmi su ciò che avevo rispetto a ciò che *non* avevo: ossia una meravigliosa madre, forte, tenace e determinata oltre che bellissima. Se dovessi usare una sola parola per descriverla, utilizzerei *anticonvenzionale*.

Mi sembra doveroso, all'interno di questo libro, riservarle qualche pagina per farle raccontare un pezzo della sua di vita, anche perché s'intreccia con la mia e così sarà per l'eternità. Mio caro lettore, da adesso in poi le lascio la parola e ti consiglio di legger con estrema attenzione. Le lezioni imparate da questa donna sono straordinarie. E non lo dico perché è mia madre ma perché è oggettivo. Da parte mia, non troverai mai nessuna autocelebrazione, non è il mio stile, ma quando si tratta di *Lei* non posso non elogiarne la forza.
Ti dirà lei stessa in quale contesto sono nato e cosa ho vissuto fin da piccolissimo, oltre alle sue sofferenze. Anche perché non posso

ricordare i miei primissimi anni: li vivo attraverso i suoi occhi. A lei la parola. Ci "vediamo" tra qualche pagina.

Nasco a Belgrado e ancora oggi posso affermare che non ho mai accettato il mio luogo di nascita. Non l'ho mai sentito "mio", così come io stessa non mi sono mai sentita serba nell'anima. Al contrario, oserei dire di essere più una cittadina del mondo, sicuramente non "appartenente" alla mentalità ristretta di quel paese: io, Vesna, un pesce fuor d'acqua. Provengo da una famiglia molto umile, anzi, povera: mio padre era un operaio e mia madre una casalinga; quindi, ho vissuto ben poco agio economico nella mia vita.

Sono arrivata in Italia quando avevo 20 anni. Da lì a poco, un anno circa, ho conosciuto il padre biologico di Cristian. È stato un colpo di fulmine. Era stupendo. Moro. Al nostro primo sguardo ho avuto i brividi lungo la schiena. Un'attrazione a cui è stato difficile sottrarsi. Iniziammo una di quelle storie passionali degne dei migliori film d'amore ma con il tempo scoprii che quella passione era, appunto, solo passione da parte mia e possesso da parte sua. Non amore. Oltre il nostro trasporto e desiderio, condividevamo solo la Formula Uno. Nient'altro. Proprio nient'altro. Lui era sposato e aveva già due figli.

A distanza di un altro anno di storia molto travagliata, lui lasciò quella famiglia. Cominciammo una nuova vita assieme ma una parte di me non era convinta di quella scelta… ma da lì a qualche mese rimasi incinta. Avevo 22 anni.

Anche la gravidanza non è che l'avessi accettata senza riserve con il classico istinto materno che hanno le donne. Tutt'altro: non la vivevo con spensierata serenità proprio perché di grandi presupposti, con il padre biologico, non ce n'erano ma poi decisi di proseguire la gravidanza, nonostante tutto, proprio grazie a mia mamma che mi diede il suo più totale supporto con la sua vicinanza. Devo essere sincera. Ci volle molto tempo, persino dopo la sua nascita, prima che scegliessi Cristian come il mio unico e solo figlio, *il mio più grande amore.*

Cristian quando è nato aveva due piedoni enormi ed un cespuglio di capelli infinito; si è dimostrato un gran mangione fin da subito; ha spalancato immediatamente la bocca e voltava la testa con smania incontrollabile per cercare il seno immediatamente, urlando e piangendo alla disperata ricerca di cibo.

I primi sei/sette mesi, ogni due ore mi chiedeva una poppata e la notte non dormiva mai. In questo periodo ero occupata a fare la "buona mamma di famiglia" piuttosto che a "godermelo" e amarlo, cosa che avvenne dopo, ma non posso dire di aver mai provato quell'istinto materno di cui avevo sentito parlare né durante la gravidanza né dopo la sua nascita.

Per sentirlo *mio* è dovuta passare un po' di acqua sotto i ponti, solo in seguito è diventato la ragione della mia vita alla quale ho dato e dispenso il mio amore incondizionato. Successe un giorno, in realtà, un giorno come un altro ma fu quando lui mi guardò negli occhi per secondi che mi sembrarono infiniti. Non so quanto tempo realmente passò, ricordo solo che tutto il mondo si fermò attorno a me e fui presa da delle emozioni tali che iniziai a piangere senza motivo, in modo incontrollato: era gioia, felicità, o meglio, amore, puro amore per quel "paciocchino" che tenevo tra le mie braccia. Mio figlio. Per la prima volta mi resi conto che era *mio* figlio ed io la *sua* mamma. Fu uno sguardo assai penetrante quasi volesse dirmi: "Amami mamma, sono Cristian, sono tuo figlio, non ho bisogno di altro se non del tuo amore".

Ci siamo scelti in quel momento.

Dopo i tre mesi di Cristian, ci trasferimmo a Roma. Iniziai a lavorare mentre i miei genitori tenevano Cristian. I primi passi li fece a 8 mesi e mezzo, quindi molto precocemente. Glieli fece fare il nonno, che in quel momento non parlava quasi neanche una parola di italiano mentre sua nonna invece si sforzò di impararlo in modo da potergli leggere le fiabe.

In quel periodo eravamo tiratissimi con i soldi. Mio padre mi disse che Cristian era quasi pronto per fare i primi passi. Volevo a tutti i costi immortalare quel momento. Nonostante non potessi permetterlo feci di tutto: straordinari, doppi turni per comprare la prima videocamera che all'epoca costava cifre astronomiche. La trovai al mercato dell'usato di Porta Portese.

Un giorno andammo al parco, con la telecamera, e qui Cristian si alzò in piedi di fianco al passeggino e lo mollò reggendosi sulle proprie gambe. Con un po' di titubanza, i primi secondi, per poi allontanarsi da solo, facendo i primi passi stabile e paffuto. Era adorabile e noi provavamo emozioni indescrivibili, mentre la telecamera portava a compimento il proprio lavoro d'immortalare tutto quanto.

Cristian è sempre stato molto più grosso di costituzione rispetto ai suoi coetanei. A un anno indossava i vestiti adatti a bambini di 3-4 anni. A 3 anni quelli per i 6. In quinta elementare aveva come numero di scarpe il 45. Oggi... il 50! A proposito di fame da neonato: avrei dovuto dargli 50 grammi, lui ne pretendeva 200 e oltre, quattro volte tanto! Questo lascia intendere quanto Cristian sia un "gigante" dal punto di vista fisico ma non solo: è *immenso* come Uomo.

Dopo i primi passi iniziarono le prime parole, sempre precocemente. Da lì arrivarono dei veri e propri monologhi. Interagiva con noi come un adulto. La prima parola ufficiale è stata "mone", *amore*, proprio perché mia mamma lo chiamava sempre "amore". Da lì fu un susseguirsi di parole imparate. Tra cui "mamma". Nemmeno a dirlo appena la sentii mi sciolsi letteralmente.

In quel periodo vendevo apparecchi elettromedicali. In due mesi riuscii a fare le stesse vendite che facevano i miei colleghi in un semestre. La ragione unica? Cristian. Come Cristian? Sì lui. Perché l'azienda distava 70 km. Li facevo al mattino e alla sera per rientrare a casa. Ma io non avevo tempo, dovevo sbrigarmi, chiudere alla svelta gli appuntamenti e guidare all'impazzata per tornare presto dal mio bimbo. Anche solo un'ora ma io dovevo stare con lui! 140 km al giorno per sette lunghi anni.

Ancora oggi Cristian ha una passione per le macchine: è iniziata prestissimo, fin dai suoi primi anni. Abbiamo visto per caso una rivista di macchine e lui ne è rimasto folgorato. Me la chiedeva sempre e la sfogliava da solo. Grazie alle macchinine ha imparato i nomi dei colori e a distinguerli.

Cristian compì i suoi 3 anni ed io entrai in una sorta di depressione, perché il mio rapporto con il padre biologico non funzionava. Sostanzialmente arrivai a consapevolizzare ciò che già sapevo ma che, forse ingenuamente, o complice la giovane età, non vedevo o volevo a tutti i costi credere. Non eravamo innamorati: questa la realtà dei fatti. Non avevamo nulla né in comune né da condividere. Ci ho provato in ogni modo, soprattutto quando rimasi incinta e, non riuscendoci, questa situazione mi ha lasciato un senso di disperazione dilaniante.

Tuttavia, io avevo il dovere di concentrarmi su Cristian e basta, non potevo permettermi altro. Quella vita con lui era una situazione che non mi apparteneva, era grigia e per una che vive tutto "o bianco o nero", "o tutto o niente" con estrema passione sia nel bello che nel cattivo tempo, non era più accettabile proseguire così. Non era un compagno di vita né un buon padre e, oltretutto, faceva costantemente paragoni con i suoi due figli avuti dalla moglie. Per me era inaccettabile questo.

Una notte non riuscivo a dormire. Stavo malissimo all'idea di un altro solo giorno di quell'uomo sotto lo stesso tetto con mio figlio. Alle 4.00 lo svegliai e gli dissi: "Prendi le tue valigie ed esci di qua, adesso!"

Nonostante la povertà di quel periodo e le difficoltà di essere rimasti solo noi, spronavo ugualmente Cristian a visualizzare le sue passioni, gli insegnavo a sognare e a pensare in grande, senza mai arrendersi; ho cercato in ogni modo di non fargli pesare quella situazione: difatti, ogni sera, quando rientravo avevamo un nostro rito.

Suonavo il campanello e lui apriva la porta, aspettandomi sul ballatoio o, a volte, venendomi incontro giù dalle scale; urlava "Mamma!" e con la sua forza *bruta* mi si scaraventava addosso. A volte mi faceva anche perdere l'equilibrio, tanto era la sua potenza. Lo riempivo di baci e gli portavo sempre un ovetto Kinder, un lecca-lecca, un quaderno, un pennarello, una macchinina (che chiamava "macala") per dirgli: "Ti ho pensato tutto il giorno, mi sei mancato". Gli trasmettevo questo e lui percepiva il gesto: difatti, non è che me lo chiedesse, per lui ero importante e lo erano le nostre coccole.

Da lì ai successivi due anni, quindi fino all'età di 5 anni, permisi al padre biologico di Cristian di venire a trovarlo. Ben presto, scoprii un'amara verità: lui veniva solo per cercare di approcciarsi a me, mai per un interesse reale verso suo figlio.

I segnali c'erano tutti. Non gli portava mai un regalo o semplicemente un pensiero e soprattutto, in quelle rarissime volte in cui sono stati da soli (ho cercato di dargli fiducia, per cercar almeno di permettergli un sano rapporto padre e figlio), gli faceva il terzo grado su di me e sulla mia vita; ovviamente questo non era né educativo né congruo al ruolo che non ha mai saputo vivere.

Una volta si è presentato alla porta con un borsone pieno di vestiti usati dei suoi figli. La sua ex moglie anziché buttarli, li donava. Nulla di male nel gesto in sé, se non fosse che ce lo consegnò con un tono ed un fare di supponenza, quasi di disprezzo, guardandoci dall'alto in basso, specificando che fossero destinati ai bambini "poveri". "Mio figlio non ha bisogno della tua beneficenza!" gli dissi e lo accompagnai alla porta.

Da lì, per non turbarlo ulteriormente, dissi a Cristian: "Amore prendi i tuoi giocattoli che non usi più e assieme ai vestiti che ti ha portato tuo padre li andiamo a consegnare all'orfanotrofio. Ti va?"

E così andammo, perché donare è un altro aspetto fondamentale che ho voluto trasmettergli.

Al ritorno ci fermammo in una boutique e gli comprai la sua prima giacca firmata di Armani pur non avendo molte disponibilità, anzi spendendo l'equivalente di due terzi del mio stipendio di quel momento. "Ricorda Cristian, non devi mai sentirti povero. La povertà, così come la ricchezza, è solo uno stato mentale e non di soldi, di atteggiamento, è piuttosto un modo di essere".

Non ho mai fatto mancare niente a Cristian ma gli ho da sempre voluto trasmettere il valore del sacrificio: a volte mi accompagnava anche al *Compro Oro* per vendere degli oggetti di valore in situazioni di emergenza. Ci tengo a sottolineare quest'aspetto, perché chi ci vede oggi, soprattutto guardando lui, potrebbe pensare che la vita sia stata semplice, che i nostri agi di adesso siano arrivati così, semplicemente con uno schiocco di dita, senza alcun sacrificio o senza duro lavoro.

Non è raro che si pensi che lui abbia ereditato l'azienda di cui siamo i soci: non è così. È stata fondata proprio da lui e poi mi scelse come sua socia, non il contrario.

"Nella vita bisogna dare per ricevere". Questo il messaggio principe per lui e per te che ci leggi, ora che sto per terminare quanto avevo da dirti.

Ho fatto in modo che lui fosse in grado di capire, anche sulla propria pelle, cosa volesse dire vivere da "povero" o da "ricco", scegliendo lui personalmente se fare sacrifici, come lavorare duro il sabato e la domenica al fine di potersi permettere quel qualcosa in più per il domani; o avere oggi il tempo libero, ossia un appagamento nel qui e ora, senza pensare e costruire per il domani. Ma ho voluto che lui prendesse le sue decisioni, scegliendo il prezzo da pagare in un verso o nell'altro, senza mai aver interferito o giudicato le sue *scelte*.

Un'ultima cosa, prima di lasciare la penna a Cristian, l'autore. Parla, parla, e ancora parla, sempre, con le persone che ti stanno attorno e che ami. Mio figlio ed io abbiamo sempre avuto tanto dialogo e comunicato moltissimo, con estrema complicità e sincerità, anche su argomenti ostici o con pensieri contrapposti, non solo su quelli belli e lineari. Cristian è sempre stato curiosissimo. I suoi "perché" erano infiniti, anche dinnanzi alla logicità. Ciò che ci ha permesso di costruire un rapporto come quello che abbiamo oggi, è stato il *dialogo*. Il dialogo sopra ogni altra cosa.

Ora, ho terminato. Ti ringrazio per aver letto queste pagine che riguardano un pezzo del tragitto della mia vita, soprattutto in quella meravigliosa fase in cui ho dato alla luce di Cristian. Lascio a lui il proseguimento. Grazie.

La mia mamma. Unica! Adesso iniziano i miei primi ricordi. Tutto ciò che hai letto fino ad ora non è nei miei ricordi personali: mi è solo stato riportato.

Il primissimo disagio che ho vissuto personalmente è stato in merito alla pronuncia errata delle parole. Avevo la "S" sibillina e la "G" strana, tipo Paperino. Mamma decise di portarmi dal logopedista per evitare di essere preso in giro a scuola ma pochi giorni prima dell'appuntamento e dell'ingresso alla scuola elementare successe un vero e proprio miracolo. Ero a casa di un mio amico, Simone, e sua madre si era presa già da tempo a cuore la mia situazione: dedicò molto tempo a farmi ripetere le parole nel modo giusto. Arrivai a casa e non appena vidi mia madre e mia nonna urlai a squarciagola: "Ciuccio, Giorgio, pesce", senza nessun nesso ma solo per dimostrare loro che finalmente anche io avevo la bocca "libera" nel dirle.

Fu per me la prima conquista di un risultato dopo tanto impegno, fin da così piccolo: ripetevo continuamente e in modo persino "isterico", quelle parole, perché mi fu detto che quello era il metodo giusto. E, senza nemmeno capire, lo facevo, perché volevo parlare in modo adeguato, senza quegli intralci.

Dell'asilo ho solo bellissimi ricordi, nonostante quel mio piccolo difetto. Lì i bambini sono troppo piccoli e innocenti per giudicare, per deridere o accanirsi sulle diversità. Il problema nacque dopo. Difatti, alle elementari ero il "secchione" di turno più cicciottello rispetto agli altri. Ma qui non furono, come si potrebbe pensare nell'immaginario comune, i miei compagni a deridermi ma la maestra a farmi bullismo. Ho subìto un vero e proprio supplizio e quotidiani maltrattamenti da parte di una donna che davanti a mia madre e i miei nonni diceva di "amarmi" e "stimarmi".

Nella realtà, mi insultava e mi picchiava con schiaffi, senza motivazione alcuna. Ricordo con dispiacere e ancora sento il dolore di quando, ad esempio, mi chiamava alla lavagna per un'interrogazione: succedeva magari che m'impappinavo o "mi permettevo" di sbagliare... mi dava scappellotti tali da farmi sbattere la testa contro la lavagna stessa.

E i miei compagni di classe, troppo ingenui per capire la gravità della faccenda, ovviamente ridevano. Ma loro non avevano colpa. La colpa era sua. Non mi esprimo con offese per la persona che in teoria doveva rappresentare un'istituzione, una persona di riferimento per loro che avrebbe dovuto dare il buon esempio, e che invece si comportava in modo malvagio e deplorevole.

A volte, dopo il rientro in classe dalla ricreazione se non mi trovava seduto immediatamente, veniva verso di me e mi dava spintoni per accompagnarmi al banco. Era proprio accanita solo contro di me, ogni giorno uno o due sberle mi arrivavano. Non era gentile in generale ma nei miei confronti aveva una particolare propensione.

E a volte, non erano nemmeno gli schiaffi a fare così tanto male, se paragonati alle offese, alle umiliazioni e alle mortificazioni verbali. Mi chiamava: "elefante", "bulldozer", "goffo di m...", "impacciato", "ciccione!", "fai solo danni ovunque ti muovi!" dando così la possibilità e la ghiotta occasione agli altri bambini di fare lo stesso, legittimandoli ovviamente, per via del ruolo che ricopriva. Anche queste avvenivano giornalmente. Questo fece sì che io iniziassi a incurvarmi su me stesso: per me l'altezza era come un enorme difetto. La percepivo come un enorme problema.

Spesso mia madre mi dava dei buffetti per farmi raddrizzare: "Sii fiero, perché l'altezza è mezza bellezza, non devi assolutamente rinchiuderti ma apri il tuo meraviglioso petto e affronta la vita così. Sei fantastico così: puoi osservare il mondo laddove in pochi possono!"
Io invece volevo essere più basso proprio per il complesso che la maestra instillò in me. Era una diatriba che vivevo costantemente perché sia mia madre che la maestra per me erano dei riferimenti

ma sostenevano cose opposte ed ero in confusione. A chi credere? Da qui l'importanza dei punti di riferimento.

Non ho mai capito le reali motivazioni di questo suo comportamento, né tanto meno son riuscito mai a darmi una spiegazione. Io ero timido, chiuso, sulle mie, tranquillo non un ribelle o casinista. Non litigavo mai con nessuno e facevo i compiti regolarmente. In certe cose non esiste un perché. Ero il suo "punching ball". Doveva andare così e basta.

"Non dite niente a casa, sennò picchio tutti!" Era indubbio che tutti, compreso me, stessimo zitti. Non dissi mai nulla a mia madre, ma iniziai a non mangiare e a chiudermi sempre più in me stesso. E come ti ha raccontato anche lei, questo era molto strano, perché io ero un'ottima forchetta, non buona, ma ottima! Lei s'insospettì, perché per un genitore attento era impossibile non notare il mio diventare sempre più introverso, remissivo e piegato su me stesso, anche fisicamente.

In qualche modo riuscì, con il dialogo, a tirarmi fuori la verità. Inutile dirti cosa successe dopo: si catapultò a scuola, preparò un esposto con una denuncia al Provveditorato degli studi. Decadde tutto perché poi ci trasferimmo a Roma: avevo 9 anni. Successivamente venimmo a conoscenza del fatto che quel brutto vizio la maestra non lo aveva perso dopo che io lasciai la scuola. Anzi picchiò così forte un'altra bambina che le lasciò dei segni. Lì non poté più scampare: fu denunciata e allontanata dalla scuola.

Ma anche senza la maestra i bambini mi deridevano perché ero senza un padre, cercandomi di farmi sentire inferiore. Difatti, lui, mio padre, non è mai venuto a scuola per un colloquio o una riunione. Mai!

Su questo voglio aprire una parentesi, sul concetto di famiglia. Chi definisce i canoni di una famiglia? In quel momento mi sentivo un "diverso" è vero, perché la mia famiglia di allora era composta da mia madre e dai miei nonni. Ma oggi, da adulto, non posso che ritenermi fortunato: la mia, tuttavia, era reale. Sì, non canonica, ma vera. Quante famiglie ci sono, "classiche" come apparenza, ma che poi nascondono la polvere sotto il tappeto? Problemi? Il mio messaggio. Non esiste un giusto o uno sbagliato, un "questo è perfetto" o "questo è imperfetto" ma solo i valori e il sapersi comportare con coerenza e trasmetterli.

Gli schemi preimpostati da piccolo non potevo comprenderli ma oggi da adulto sì e, anche in questo caso, la *scelta*, mi viene in aiuto, proprio per chi scegliamo di avere nella nostra vita.

"Chiama tuo padre, perché è sempre tuo padre!", "Perdona tuo padre perché è sangue del tuo sangue", "Alla fine è sempre tuo padre: è sangue del tuo sangue", sono frasi e condizionamenti che non posso più concepire; non trovo giusto (né per me, né per lui, né per qualsiasi essere umano) imporre un rapporto solo perché "anagraficamente" qualcuno dice che siamo parenti. Gli schemi mentali imposti per un ruolo *obbligato* non li trovo funzionali e bisogna liberarsene, perché in primis noi siamo persone e solo dopo "padre", "figlio", "fratello", etc. con un ruolo.

Se con la persona non vi è un rapporto di crescita per entrambi, va da sé che non è possibile averlo nemmeno con quel "ruolo". Se si assume un atteggiamento di perenne giustificazione per mancanze o comportamenti non consoni e negativi dicendo le tipiche frasi, come: "Eh, ma lui è sempre tuo padre". Cos' si crea il precedente, permettendo a chi è in torto di atteggiarsi come meglio crede, ricadendo sempre negli stessi schemi e, per chi "subisce", di diventare sempre più debole, anche verso il mondo.

Uno dei primissimi esempi da cui impariamo i valori, le regole di vita, sono proprio i genitori: se questi per un motivo o per l'altro ti rendono insicuro, si crescerà subendo. E di questo ne sono portavoce, purtroppo, fino a quando ho deciso che tutto questo avrebbe impedito la mia stessa evoluzione.

Questo per dire che il senso di colpa per la scelta di una *non-accettazione* obbligata di un ruolo nella nostra vita deve sparire: è un'energia negativa destinata solo a trascinarci verso il basso. Quando in realtà la *famiglia* è dove c'è amore, rispetto e benevolenza reciproca e questo non può essere imposto da nessuno se non nasce da sé, e talvolta, ahimè, questo potrebbe *non-*corrispondere allo stesso sangue che scorre nelle vene.

Pazienza, si va oltre, ma la cosa fondamentale è non farsi imporre mai da nessuno, se non si è fortemente convinti, chi è per noi *famiglia.*

Così come si può scegliere chi è la famiglia, è in nostra piena facoltà anche selezionare i soci, i collaboratori, una fidanzata o un amante, gli amici e così via. Se senti dentro di te che quella persona non è quella giusta non restano molte strade da percorrere. Nessuno può permettersi di dire e di giudicare: ognuno ha i suoi vestiti, il suo trascorso, io come te. Non lasciarti influenzare da nessuno, se tu senti "dentro di te" quella voce che sussurra qualcosa di negativo, a prescindere da genitore, fratello, sorella, nuore, zii, cugini, e così via.

"Una famiglia è un posto in cui le anime vengono a contatto tra loro. Se si amano a vicenda, la casa sarà bella come un giardino di fiori. Ma se le anime perdono l'armonia tra loro, sarà come se una tempesta avesse distrutto quel giardino." Cit. Buddha

Prima di trasferirci a Roma abbiamo fatto tre colloqui in diverse scuole. Avevo 9 anni. Mia madre volle che scegliessi personalmente la scuola, perché voleva che mi sentissi perfettamente a mio agio. Non ha scelto lei per me ma ha dato a me quest'opportunità. Nonostante la sua perplessità nel vedere una suora preside acconsentì quando le dissi: "Ho una bella sensazione su questa scuola, sento che fa per me". Si rivelò effettivamente una scelta giusta.

Nonostante non conoscessi nessuno, ero felice, perché comunque ero uscito da quell'inferno di cristallo della scuola precedente, che nessun bambino dovrebbe mai vivere. Mi sembrava di vivere in un sogno. Prima mi svegliavo ogni giorno pensando: "oggi per quale motivo prenderò brutte parole e botte?", adesso tutto questo era sparito. Non mi sembrava vero. Anzi, ero incredibilmente stranito che tutto filasse liscio. È quel tipo di meccanismo che subentra con la vittima e il carnefice: quando quest'ultimo sparisce, quasi ti manca.

Qui i maestri avevano riconosciuto in me un bambino capace di spronare gli altri, un trascinatore, pur essendo timido. Questo mi ha aiutato a romper gradualmente la timidezza innata ma anche l'insicurezza dovuta al bullismo subito. Mi fu assegnato alla recita di Natale il personaggio principale ma diciamo che in un qualche modo cercai di "farlo accadere", perché lo desideravo con tutto me stesso.

Fu la prima volta su un palco. L'iniziazione. Fu un successo e ricevetti complimenti da ogni dove. La sicurezza in me aveva messo il primo semino. Avevo un rapporto eccezionale con la maestra e con i miei compagni classe, finalmente. Anzi ero diventato il loro idolo. Il peso del passato non lo sentivo più.

Le cose stavano migliorando, pian piano i brutti ricordi relativi alla scuola di Anzio venivano sostituiti da quelli migliori, grazie a nuovi rapporti instaurati. Sì, ero ancora timido, ma la mia personalità e la vera natura stava iniziando a sbocciare, anche grazie a quella recita.

Ero sereno: mi piaceva andare a scuola e non era più un incubo, come nel passato. Avevo un nuovo perché e un nuovo mondo si stava palesando ai miei occhi. Forse per la prima volta in vita mia, nonostante la giovane età, potevo affermare di essere realmente felice. La quinta elementare trascorse così, in pace e quietudine.
In quegli anni, vedendo che i miei compagni di classe avevano un fratello e/o una sorella, chiedevo spesso a mia madre: "Mamma mi fai un fratellino o una sorellina? Oppure prendiamo un cane?" Lei

con la sua solita fermezza mi chiedeva: "Di che razza lo vuoi?" Proprio per farmi intendere la disponibilità per un cane.

Mi prese un cucciolo di pastore tedesco, a condizione che me ne fossi occupato personalmente. Quest'esperienza mi servì tantissimo per accrescere la mia responsabilità nel gestire un altro essere vivente. Ken è rimasto con me 14 anni e 9 mesi, poi è volato in cielo. Ho condiviso con lui, in pratica, metà della mia vita, ad oggi. Un amico fedele che mi ha dispensato amore senza mai volere nulla in cambio.

Ma il cane, non mi bastava, c'era un senso di vuoto ancora dentro me: pensavo spesso a mio padre…

Capitolo 2:

Subisco il dolore, la vittima adolescente

Mio padre in quegli anni l'ho visto molto poco, se non per alcuni incontri sporadici dopo che è andato via di casa. C'è stato un avvicinamento con la promessa di rimanere quando ero in quinta elementare: in quel periodo sentivo molto la sua mancanza.

Mia madre, nonostante il rapporto tra *loro* non potesse proseguire, non mi ha mai messo contro di lui né mi ha imposto come "gestire" i miei sentimenti. Mai. Mi ha sempre dato la facoltà di prendere in completa autonomia la scelta. Viste le mie insistenze, un giorno abbiamo deciso di fissare un appuntamento proprio con lui, a casa di sua sorella, la zia Tina, io e la mia mamma, a Villafranca di Verona.

Siamo partiti con tanta speranza nel cuore, soprattutto io: Cristian poteva avere finalmente un padre. Non ho assolutamente messo in conto un risvolto negativo da quell'incontro. Invece...

Quando ci siamo visti, ci siamo abbracciati: ero contentissimo. Lui mi ripeteva quanto mi volesse bene, quanto il giorno più importante della sua vita fosse stato proprio quello in cui ero nato e di quanto sarebbe stato felice di condividere la sua vita con me. Era disposto a ritornare a vivere con noi.

Dopo aver cenato tutti insieme, lui parte e va via, con la promessa di vederci presto. Ero al settimo cielo. Io e mia mamma rimaniamo a dormire da Zia Tina. E lì, quella notte lei si svegliò alle 5 del mattino e poi svegliò anche mia madre dicendole: "Devo confessarti una cosa".

"So che lui vi sta prendendo in giro. Se lo facesse solo con te, Vesna, tu sei un'adulta, in grado di prendere le tue decisioni e difenderti ma se si tratta di Cristian, un bambino, mi sento troppo in colpa a non dire la verità. Anche se è mio fratello, e ci entrerò in conflitto, se tacessi starei peggio. Ecco: queste cose le dice anche agli altri figli. Sta creando delle false speranze, a tutti. Ha ancora la doppia vita. Non illudetevi."

Si stava replicando un triste copione, a mio sfavore. Così il giorno dopo, con la morte nel cuore di mia madre e del mio, ignaro di tutto, siamo tornati a casa nostra. Ormai ero sicuro che avremmo avuto la famiglia tanto ambita, era questione di giorni. Quasi tutti i giorni chiedevo di lui ma le risposte che ricevevo erano vaghe. L'aspettativa era molto alta da parte mia.

Vesna stava pensando e ripensando a come farlo uscire allo scoperto. Dopo qualche mese, una mattina, secondo il suo stile, dopo avermi accompagnato a scuola, è partita verso Ferrara, presentandosi alla porta di mio padre, senza alcun preavviso. Voleva chiudere quel cerchio, perché non riusciva più a vedermi sofferente: "O dentro o fuori, sul serio questa volta!"

Quando lo ha visto lo ha supplicato: "Mi dici la verità? Ti prometto che non avrò alcuna reazione ma ho solo bisogno della verità. Nient'altro. Hai un'ottima occasione in questo momento di riscattarti ma devi essere sincero".

"Ti giuro che è la verità. Io ho solo te e Cristian. E amo solo voi."

Titubante, molto titubante, mia madre ha chiamato mia nonna, chiedendole di venirmi a prendere a scuola e di raggiungerla a Ferrara. Così ha fatto. Quando siamo arrivati, ci è venuta a prendere in stazione e ci siamo recati a casa sua.

Ero sicuro che mi avrebbe aspettato una sorpresa. La sorpresa c'è stata, ma non di certo quella desiderata. Ci sediamo tutti attorno al tavolo, il clima era teso. Lo ricordo ancora oggi.

Lui continuava con il suo teatrino, cercando di dare ancora false speranze; ad un certo punto mia nonna lo ha interrotto bruscamente: "Senza troppi giri di parole: hai la doppia vita, ancora?"

Lui, guardandola fisso negli occhi, con un atteggiamento di sfida, non mostrando alcun pentimento o senso di affetto, ribatte: "Sì, perché? Io e Vesna non stiamo insieme ufficialmente... Io posso fare tutto quello che voglio!"

Mia madre si volta verso di me, con gli occhi lucidi. Avevo capito tutto. Avevamo capito tutto! Quel padre che tanto volevo non era mai nemmeno esistito, se non nelle mie fantasie.

Mia mamma poi, tra le lacrime, mi ha sussurrato: "Cristian, perdonami…" E così si è alzata in piedi ed ha iniziato a rompere qualsiasi cosa le capitasse a tiro. Era furiosa, disperata e disillusa. Come lo eravamo tutti. La sua reazione è stata dettata dalla rabbia di tante bugie e falsità, persino da quelle di qualche ora prima, in cui le era stato promesso che eravamo gli *unici*. L'ha fatto per difendermi. Solo per difendermi.

Si era sentita così colpita dalla menzogna (l'ennesima) da farle compiere un gesto così. Da quel momento in poi, mio padre non l'ho più né visto né sentito per i successivi cinque anni, per motivi di forza maggiore. Lo racconterò in seguito.

Dopo questo episodio, io, mia nonna e mia madre siamo tornati a Roma. In macchina, tutto il tempo, mi hanno chiesto decine di volte: "Cristian come stai?". Ammetto di essere stato stranito. Ma non per la reazione di mia mamma. Quella, anzi, mi aveva anche fatto ridere. Era stata persino divertente. Infatti, erano state due scene che mi fanno sorridere ancora ad oggi.

La prima: mia madre aveva chiesto a mia nonna di andare a prenderle la borsa nella camera da letto al piano di sopra, mentre lei avrebbe finito di "sistemare" la faccenda. Dopo che mia nonna era salita, avevamo sentito dalla stanza:

"Vesna, dov'è la borsa?"

"In camera da letto!"

"Ci sono, ma dov'è di preciso?"

"Nell'armadio!"

"Quale armadio?"

"Quello rosso!"

"Ah, ok! Qui di armadi rossi non ce ne sono… più!"

In pratica, l'armadio rosso non esisteva più, proprio perché mia madre lo aveva sventrato… Si può dire che fosse un tantino arrabbiata! Guai a toccarle suo figlio!

La seconda: durante la prima scena de *La guerra dei Roses* mi cadde accidentalmente sul piede un pezzo di un'anta di un mobile.

Avevo le scarpe, quindi non è successo niente di particolare. Io, con gli occhi pieni di lacrime, più che per il dolore per la paura urlai: "Mi son fatto male, mamma!"

Lei si volta verso di me, con uno sguardo fisso verso i miei occhi, quasi senza emozioni e ribatte, freddamente: "Smettila di piagnucolare: anche questo fa parte della vita! Non sarà mai niente tutto rose e fiori!"

Già, anche ciò che subito può sembrarci sofferto, scomodo, difficile e imprevisto è parte integrante della vita e tempra i nostri caratteri. Sarà un'opinione non popolare ma la via del "dolore" non è obbligatoriamente sempre quella errata. Anzi, se la osservassimo con altri occhi, quasi sicuramente troveremmo un messaggio per noi che dovrà arrivarci, da quello stesso "male", atto alla nostra evoluzione.

Tornando al *"Come stai?"*

La ferita più profonda era data dalla presa di consapevolezza che un padre, alla fine, non lo avrei avuto. Ma dato che la realtà era quella, non avrei potuto fare niente di diverso se non accettarla. Avevo mia mamma, mia nonna e mio nonno. Mi bastava. Noi quattro eravamo la *famiglia*.

Una volta giunti a casa, la vita ha ricominciato con la solita routine ma non per mia madre. Temeva che quanto successo a Ferrara mi avesse creato dei traumi psicologici enormi, che l'impatto fosse stato pesante. Sentiva sulle sue spalle il peso del senso di colpa e la paura di aver impattato troppo negativamente sulla mia vita.

Da adulto, ho scoperto che per i successivi due anni ha ingaggiato, subito dopo appena una settimana, due psicologhe infantili, esperte proprio in traumi dell'infanzia, le quali mi hanno analizzato senza che io lo sapessi. Mi sono state presentate come amiche in modo da potermi "studiare" e starmi a fianco, celando il loro ruolo di medico. Effettivamente, ho presente tutt'ora qualche scena di contesti familiari e conviviali, come cene fatte assieme, le uscite al parco e persino qualche giorno di vacanza.

Questa sua delicatezza è stata degna di nota. Alla fine, le due figure professionali si sono congratulate con mia madre. L'hanno tranquillizzata sul fatto che io non avessi nessun trauma.

Il motivo? Per l'estrema sincerità e coerenza che da sempre lei ha voluto trasmettere. Nessuna finzione, nessuna bugia, nessuna verità nascosta, nessuna patinatura, nessun castello costruito sulla sabbia.

La realtà, seppur dura, era quella: era difficile, certo, ma estremamente pulita e veritiera. E questo non significa volere a tutti i costi (anche perché non è possibile) un quadretto sempre perfetto e idilliaco, ma accettare anche ciò che, talvolta, non appare perfetto.

"Meglio una brutta verità che una bella bugia".

Le psicologhe le hanno spiegato che, paradossalmente, i bambini preferiscono un'amara verità, ma sincera, piuttosto che situazioni ambigue. Ciò che crea i traumi in loro è la sensazione di non poter fare nulla dinnanzi a qualcosa che loro sanno e sentono che è ingiusto o sbagliato, nonostante il mondo dica che va tutto bene.

Questa frustrazione fa sì che crescano con il senso di inadeguatezza, non credendo nelle proprie sensazioni, si ritrovano confusi con un fardello che, da adulti, sarà difficile da eliminare. Non impossibile, ma tosto.

Questo filone di pensiero, comunque, lo sposo in pieno anche per noi adulti. La testa sotto la sabbia non è utile a nessuno. Sarà una frase fatta ma rimanere nell'ombra non porta realmente nessun vantaggio né beneficio: l'inganno della bella bugia ti crea solo situazioni negative, mentre dare forza alla verità salva sempre.

Sentivo spesso da bambino mia nonna ripetere a mia madre: "Non mettere in ordine la casa, puliscila". Oggi, ho capito il senso; il paragone era: la casa è meglio averla disordinata ma non sporca e le bugie… sporcano. Qualsiasi cosa, nella vita, si affronta.

Quando avevo 12 anni circa, due anni dopo questo episodio, sono diventato un ragazzo molto riflessivo; una sera sono andato da mia madre e le ho detto: "Mamma ho letto una cosa che mi ha cambiato la visione del mondo".

Le ho raccontato di ciò che ho visto "per caso": la storia di un ubriacone con due figli maschi, che picchiava figli e moglie ogni sera. Uno ha scelto di essere uguale a lui, un accanito bevitore, senza progetti futuri né grandi ambizioni, proprio come suo padre; l'altro di essere astemio, diventare un bravo padre di famiglia, un marito dai sani principi e con un lavoro appagante. Stesso retaggio, stesse scene e violenze subite ma grazie alle scelte consapevoli, un destino diametralmente opposto.

È stato con quella metafora che ho capito che nella vita si può sempre scegliere: qualsiasi cosa succeda, da qualsiasi punto si parta e qualsiasi interferenza si possa incontrare. Abbiamo sempre la facoltà di fare nostro il destino.

A proposito di verità e bugie, quando mia madre mi ha trasmesso questo fondamentale valore? Avevo circa 14 anni. Ero al telefono con un mio compagno di classe.

"Oggi usciamo? Dai la compagnia s'incontra per andare al cinema. Ci sono anche le nostre compagne!"
"No, ho promesso a mia madre che avrei finito i compiti oggi."

“Dai, dille che li hai fatti, tanto l’interrogazione è tra qualche giorno, che ti frega! È un’occasione che non dobbiamo perdere!”

“Va bene, dai, ti aggiorno dopo…”

Così sono andato da mia madre: “Mamma oggi posso uscire? Tutta la compagnia va al cinema.”

“Hai fatto i compiti?”

“Sì!”

“Sei sicuro?”

“Sì!”

E senza proferire parola alcuna l’ho vista dirigersi verso la mia cameretta. Ha staccato la Playstation e, guardandomi diritta negli occhi, in modo secco mi ha detto: “Se non avevi voglia di studiare o se potevi rimandare, perché oggi vuoi andare al cinema, non c’era bisogno di raccontarmi una bugia, me lo dicevi a basta! Ho sentito cosa ti ha detto il tuo amico! Oggi non esci e per un anno la tua Playstation non la vedrai più!”

Lì ho capito che una piccolissima frottola, inventata anche banalmente, per uscire con i miei amici, mi è costata ben 365 giorni senza la mia adorata Playstation.

Affrontare tutto con trasparenza, a prescindere dalle conseguenze, è una delle prime lezioni che ho imparato, sulla mia pelle. Perché stai certo, così è stato: la Play non l'ho più potuta usare per i 364 giorni successivi e mia madre stessa mi ha poi detto che non ci sarebbe neppure stato nessun problema se avessi rimandato lo studio, purché gliene avessi parlato con onestà.

Perché 364? Perché mia zia Tina è venuta a trovarci (con lei i rapporti sono sempre stati vivi) il giorno prima della "fatidica" scadenza e l'ha pregata di farci giocare assieme. Ha ceduto: "Ma solo perché mancano poco meno di 24 ore. Cristian, la lezione l'hai imparata. Non perché mi devi qualcosa ma nella vita in generale: affronta le cose con onestà, anche se non ti piacciono, ma mettici sempre la trasparenza. Questo fa sì che tu possa camminare a testa alta, senza doverti mai guardare le spalle!"

La prima sigaretta e la scoperta della malattia...

Da lì a pochi mesi mi ritrovai a casa di un mio amico. Mi propose di fumare la nostra prima sigaretta insieme. Tempo prima avevo fatto una promessa, sacra per me, a Vesna: "Quando sentirò la voglia di fumare ti chiamerò e lo faremo assieme."

Così quello stesso giorno, la chiamai: "Mamma corri da Edoardo!"
"Ma è successo qualcosa?"
"No, ma ti aspettiamo!"

La decisione era stata spinta anche dal non volermi "giocare" un altro anno di Play, oltre che mantenere fede a ciò che avevo promesso. Lei era in ufficio a lavorare. Ha attraversato Roma, in fretta e furia per raggiungerci, anche perché era molto preoccupata non sapendo il motivo della chiamata.

L'abbiamo aspettata giù in cortile. Quando è arrivata, le ho teso il pacchetto di sigarette, ancora chiuso: "Ti ho fatto una promessa. Ho scelto di onorarla. Ti va una sigaretta?"

Dopo quella volta, non ho più fumato. Anche perché attorno ai 14/15 anni, facendo le analisi del sangue di routine, ho scoperto di aver i trigliceridi molto alti. Dopo aver fatto tutti gli accertamenti per capirne le cause veniamo a conoscenza che il problema è che sono nato con un difetto genetico. Ossia, il mio corpo non ha una lipoproteina che regola e brucia i trigliceridi nel sangue, e quindi li autoproduce ma non vengono mai eliminati in modo autonomo, come succede a tutti.

All'inizio pensavamo fosse un problema legato all'alimentazione, visto che sono sempre stato di buona forchetta, poi invece abbiamo realizzato che, indipendentemente da ciò che mangiavo, i valori erano comunque alle stelle.

Cercando i vari specialisti, ci siamo imbattuti in una delle massime esperte a Roma, la professoressa Stefanutti, la quale ci ha dato una notizia spiacevole: avevo una malattia rara che colpisce una persona su un milione, quindi in Italia "siamo" in pratica circa 60 e non ci sono cure specifiche. L'unica cosa che è possibile fare, è tenere sotto controllo i trigliceridi attraverso uno stile di vita sano: no alcool, no zuccheri, idratazione e tanto movimento, assolutamente niente fumo.

La prima a saperlo è stata mia madre. In quel momento è stata messa dinnanzi all'ennesimo bivio: se me lo avesse detto, mi sarei dovuto comportare come un adolescente "diverso", con la paura che subentrasse una forma di insicurezza in me proprio dovuta alla malattia, oppure farmi correre il rischio che, non sapendo di avere un difetto genetico, lo avrei trascurato con i "classici" comportamenti da ragazzini (alcool, cibo spazzatura, sigarette, etc.) ma che si sarebbero rivelati essere molto pericolosi, se non letali.

Rendermi consapevole o farmi rischiare la vita? La scelta non è stata facile, proprio per i miei trascorsi avuti fino a quel momento: il bullismo, l'altezza, le percosse della maestra, un padre assente. Insomma, la responsabilità di darmi un'altra notizia bomba era tosta per lei da digerire e farmi digerire. Ma, ancora una volta…

…ha vinto la verità: meglio una casa disordinata, ma pulita.

Nel frattempo, ho avuto due ricoveri urgenti per micro-ischemie, che hanno sfogato nello stomaco e non nel cervello. Da lì la decisione è stata ovvia. È iniziato il mio cambiamento radicale di stile di vita.

Inoltre, abbiamo iniziato anche una spasmodica ricerca di una soluzione e tentativo di costruire l'anamnesi familiare, visto che si trattava di un difetto genetico. Chi in famiglia poteva avere la stessa cosa? Così, analizziamo prima quella di mia madre, che si scopre non avere questa problematica e, andando per esclusione, capiamo che proviene dalla famiglia di mio padre.

Mia madre è costretta a telefonare a mio padre per chiedergli i documenti e le analisi di suo fratello, perché mio padre non aveva alcun tipo di problema ma lui avendo avuto, appena quarantenne, due infarti e bypass, pancreatite e diabete era palese che avesse la stessa malattia. Difatti, non aveva assolutamente uno stile di vita sano: questo ha accelerato in modo esponenziale la malattia.

Quello era il quadro che mi sarebbe toccato se avessi ignorato il tutto. Era per questo, per noi, importante avere quelle analisi, per cercare di fare una proiezione, sulla mia stessa vita.

Così mia madre si avvicinò nuovamente a mio padre, per una sorta di obbligo. Ma a volte è necessario fare di una necessità, una virtù.

L'incontro con mio padre dopo 5 anni dall'ultima volta…

Mio padre, dopo la vicenda a Ferrara non l'avevo più né sentito né visto. Vesna, ogni tanto, nel corso di quegli anni, mi ha chiesto se lo volessi sentire o se avessi voglia di contattarlo. Anzi, m'incitava a farlo e nel caso in cui avessi voluto farlo, mi ha sempre detto che per lei non ci sarebbe stato alcun tipo di problema: di non farmi scrupoli per lei, insomma.

La mia risposta era sempre la stessa: "Il padre non sono io. Il primo passo l'ho già fatto, quando ero un bambino, manifestandogli a pieno titolo il mio interesse a volerlo con noi. Lui ha fatto spallucce e ha preso la sua decisione. Non posso obbligarlo, se non vuole, a far parte della mia vita. A prescindere che lui sia genitore o meno, come persona, non ha mostrato alcuna volontà di creare un rapporto con me, quindi… non ne vedo il motivo."

Non era rabbia la mia: lui non c'era ed ha preso la sua decisione: la mia *non*-esistenza per lui. Ne avevo semplicemente preso atto. A me non è mai mancato, anche perché fisicamente non l'ho mai vissuto: per questo non mi sono mai sentito obbligato a coltivare un rapporto "morto" alla radice, non di certo per causa mia. Per anni ho desiderato il suo amore e sarei stato pronto a perdonarlo in qualsiasi momento ma lui non è mai arrivato: ad un certo punto, nella vita, anche se è dura, diventa necessario prendere delle decisioni, anche in certe circostanze risolute, per permettersi di evolvere. Altrimenti si rischia di rimanere come i criceti che corrono sulla ruota, sempre in tondo alla disperata ricerca del nulla.

Lui la sua *scelta* l'ha fatta di non considerarmi. Se lui avesse voluto costruire un rapporto non lo avrei di certo negato, questo è indubbio, ma da parte sua non c'è mai stata questa volontà. La ferita, ormai cicatrizzata, avuta per i miei dieci anni è stata causata proprio da questo: ho lasciato la porta aperta. Sarebbe bastato un suo avvicinamento ma, a volte, bisogna accettare che le cose facciano il proprio corso e andare avanti.

Io e mia madre decidiamo di farci un regalo: andare a New York, realizzare il nostro più grande sogno di quel momento. Lei fin da bambina è sempre stata affascinata da questa grande e meravigliosa città; per me, era come rivedere camminare Godzilla, il protagonista del mio film preferito: ambientato proprio a New

York, "lui" si aggirava tra le strade e i grattacieli, nonché il Central Park della Grande Mela. Queste immagini mi facevano innamorare sempre di più di palazzi, costruzioni, etc.

Avevamo però un ostacolo burocratico da superare: il mio passaporto era in scadenza e per rinnovarlo serviva necessariamente la firma di entrambi i genitori, in presenza, presso il Commissariato della Polizia, essendo io minorenne. Non vi erano deroghe di nessun genere.

Questo significava dover incontrare lui.

C'è stato quindi un incontro forzato e imposto, non scelto e non voluto, da entrambe le parti. È stato solo un banale obbligo. Molto freddo, senza nessun tipo di emozione, né in un senso né in un altro. La consapevolezza di base era che appunto, come detto, da parte sua l'interesse per questo figlio che ora aveva dinnanzi non c'era. Quindi, da parte mia, mi sentivo come ci si sente davanti ad un estraneo o ad un cliente che vedi per la "prima volta" ad un appuntamento di lavoro. Ci siamo a malapena salutati e, in una sorta di finzione, scambiati i numeri di telefono. Tutto qua. Nessun rancore, nessun sentimento particolare.

Certo è che mi resterà a vita il dubbio di cosa sarebbe successo se non fosse scaduto il passaporto: molto probabilmente non l'avrei mai più né sentito né rivisto. Ma alla fine ad oggi, da allora, ci sarà capitato di sentirci in media 5 volte l'anno: giusto per auguri sterili di Natale, Pasqua, i rispettivi compleanni e Ferragosto. Stop. Nient'altro. Ci siamo visti qualche volta ma giusto per "formalità".

A New York ci siamo poi andati io e mia madre: la prima volta per entrambi in un viaggio così "lontano" e, come volevasi dimostrare, ci siamo perdutamente innamorati di quella città. Inoltre il viaggio ha unito me e Vesna ancora di più.

Una tremenda caduta di mia madre...

Nel 2005 mia madre ha deciso di lasciare il posto fisso "sicuro" e altamente remunerativo. Guadagnava molto per quei tempi, ma lavorava anche 15 ore al giorno e spesso non riuscivamo nemmeno a vederci.

Mettendosi tutti contro, tranne me e Ken, il nostro adorato cane, ha preso la sua decisione di mettersi in proprio nell'immobiliare. Anche gli "amici" più vicini l'hanno trattata come una madre della peggior specie, una madre snaturata per la *sua* scelta.

Perfino mia nonna era nel più totale disaccordo, provenendo lei stessa da una realtà in cui gli schemi mentali imposti erano all'ordine del giorno.

Per quanto mi riguarda, senza riserva alcuna, le ho dato il mio pieno appoggio incondizionato, perché ho sempre creduto in lei e, oggi, sono davvero certo che lei abbia davvero mille risorse a cui attinge nel presente ma a cui ha attinto anche nel passato, persino prima di questa scelta lavorativa. Non lo dico perché è mia madre ma è un dato oggettivo. In ogni caso, sono certo che lei avrebbe proseguito per la sua strada: lei la riteneva giusta, e come una schiacciasassi ha continuato, imperterrita senza curarsi troppo del giudizio altrui. In quel momento avevo le mie due figure di riferimento: mia nonna e lei, in totale contrapposizione, ritrovandomi in una situazione non semplice, dovendo decidere quale fosse la mia opinione in merito. Ero tra due fuochi ma mamma rappresentava il futuro, il distaccarsi dagli schemi mentali imposti del posto fisso e sicuro e nonna invece, al contrario: la vecchia guardia che prevedeva il non rischiare per non avere ripercussioni e passare la vita in un "quieto vivere".

Alla fine, ho appoggiato Vesna perché ho compreso le ragioni che l'hanno portata a prendere quella decisione, come donna e imprenditrice. Il ruolo di mamma in quel momento non faceva da ago della bilancia: è stata una decisione "super partes".

Non è stato ovviamente tutto rose e fiori e in discesa. Anzi, studiava, lavorava, sacrificava il suo tempo per perseguire il suo sogno di libertà. Nell'immediato, come tutte le scelte di grandi cambiamenti, non ci sono stati benefici ma lei non ha mai perso la speranza. Anzi, ha iniziato a far ancor più fatiche e sforzi rispetto alla vita "adagiata" da dipendente.

Ma l'obiettivo era ben chiaro nella sua mente. Dopo questo passaggio sono iniziate le prime soddisfazioni, la vera scalata. Infatti, i successi sono arrivati in modo massiccio ed esponenziale.

Dopo qualche anno di grandi risultati è successo, però, che ha sbagliato un'operazione sottovalutando alcuni elementi, perdendo 500 mila euro: in pratica *tutto* ciò che aveva guadagnato in quegli anni di enormi sforzi. Era davvero sotto stress, era diventata apatica e appariva, a volte, disperata. Tentava di nascondere il suo stato d'animo; affermava che stava andando tutto bene ma in realtà soffriva molto. Lo capivo e lo percepivo.

Una sera, non sapendo nemmeno io come comportarmi, essendo una persona di pochissime parole e introversa e per me esprimere i sentimenti era molto difficile, ho stampato un foglio con su scritto:

"Non c'è notte tanto lunga e buia,

da non permettere al sole di risorgere".

È una frase di Jim Morrison. È stata la prima della mia vita che mi ha appassionato agli aforismi, come perfetta metafora di vita. Volevo solo sostenerla e appoggiarla, darle ancora fiducia e farla sentire amata.

Gliel'ho messa sul cuscino. Quando si è svegliata, l'ha trovata ed ancora oggi ce l'ha come quadro nella sua camera. Mi ha chiamato e mi ha detto: "Cristian, sono la donna più ricca del mondo: ho te, la tua fiducia e il tuo amore sempre così incondizionato, questo mi basta. Tu sei il mio faro in qualunque notte, anche nelle più scure. Grazie di esistere!"

E così, il resto è storia.

Il bello doveva ancora venire…

In un solo anno e mezzo ha fatto 17 operazioni di frazionamento che le hanno permesso non solo di recuperare i soldi persi ma anche di raddoppiare gli introiti, fino ad arrivare ad oggi di cui ti parlerò nelle prossime pagine.

Ps: mia mamma mi ha poi confessato che quello è stato il momento più significativo di tutta la sua vita, ancora adesso, mentre stiamo scrivendo questo libro, giugno 2021.

Capitolo 3:
Imparo a fuggire

Lo sport: uno dei primissimi salvagenti che ho utilizzato per navigare in una realtà non sempre facile. Mi distraeva per qualche ora, mi divertiva e mi rilassava. Fin da bambino, ho praticato molte discipline individuali tra cui Judo, Karate, nuoto e altre ancora.

Ad un certo punto gli sport individuali non mi bastavano più. Ho iniziato ad approcciarmi agli sport di squadra, anziché a quelli da fare da solo. La mia scelta è andata verso la pallavolo che, oltre a permettermi di sentirmi "parte di qualcosa", mi ha donato la possibilità di modificare, finalmente, il mio atteggiamento nei confronti della mia altezza decisamente insolita.

Ora potevo sentirmi a mio agio con il mio corpo. O meglio, iniziavo, perché prima di arrivare alla "pace" totale con questo ci sono voluti molti passaggi, anni e dolore, che nel prossimo capitolo esporrò nel dettaglio. La pallavolo mi ha formato sul vero senso della squadra: per quanto ogni singolo partecipante possa essere forte, se gli altri appartenenti non remano nella stessa direzione è difficile trovare vantaggio, e, di conseguenza, vincere.

Un proverbio africano recita: "da soli si va più veloce ma insieme si va più lontano", e lo stesso concetto lo applico tutt'ora anche nel lavoro e nel business con i miei collaboratori. Si soffre insieme ma si festeggia anche insieme: questo il significato di unione e di gruppo di squadra per me.

Ho giocato per molti anni nello stesso team: eravamo così tanto uniti che ho persino rinunciato ad entrare in una squadra più blasonata come la M. Roma Volley, che era anche la mia preferita. Io e mia madre non ci perdevamo mai nessuna partita, anche nelle diverse trasferte: era il mio sogno. Ho fatto il provino ma poi ho rinunciato perché volevo rimanere con i miei compagni.

Nel corso degli anni, proprio durante il gioco, ho avuto degli infortuni molto gravi ai legamenti delle caviglie, ho subìto anche degli interventi. Avevo 19 anni e ho dovuto scegliere se proseguire rischiando di lesionarle e comprometterle ulteriormente oppure smettere per salvaguardarle.

Nonostante il dispiacere, ho deciso di smettere di giocare. È stata comunque un'esperienza che mi ha forgiato verso il senso di un gruppo formato da più persone, verso un obiettivo comune e unitario, con lo stesso spirito di cooperazione e condivisione che applico quotidianamente.

Dell'università...

Durante l'ultimo anno di superiori, frequentate sempre nella stessa scuola in cui ho fatto la quarta e quinta elementare e le scuole medie, c'è stato un argomento molto importante da affrontare: l'università.

Data la mia propensione verso le materie matematiche e per il fatto di aver seguito un Liceo Europeo Giuridico Economico, per dare continuità, ho scelto la facoltà di Economia e Commercio. Ma non solo.

Da piccolo, nella mia mente svolgere la professione da commercialista significava essere ricchi. Ed io volevo essere dannatamente ricco. Nel mio immaginario fare l'università, proprio quella facoltà, significava questo: rappresentava la porta d'ingresso che mi avrebbe permesso di accedere al mondo della ricchezza.

Ai miei occhi inesperti e ingenui, il commercialista raffigurava una di quelle figure molto facoltose: macchina grossa e potente, orologio firmato, giacca, cravatta e scarpe lucide, rigorosamente di grandi brand. Il piano, però, cambiò presto, proprio quando mi sono reso conto che per arrivare all'abbondanza economica c'erano altre alternative, sicuramente più emozionanti da vivere, nonché in linea con i miei ideali.

Mi ero informato presso l'Università Bocconi Milano ma vi era l'obbligo di frequenza e per me era importante non averlo, in virtù del fatto che volevo anche lavorare nel mentre, per raggiungere la mia indipendenza economica nel più breve tempo possibile. Poi ho sentito anche la facoltà Luiss Guido Carli di Roma e la storia era la stessa: obbligo di presenza. Così, ho deciso per quella Tor Vergata sempre di Roma; certo un po' meno blasonata ma appagava un valore per me molto importante in quel periodo: la libertà degli orari.

Son partito ma dopo un po' anche qui gli orari, alla fin fine, erano stringenti. Non riuscivo a studiare e facevo anche molta fatica a seguire le lezioni. Non sapevo i motivi ma non trovavo la maniera per approcciarmi in modo corretto agli studi. Ero spento, pigro e rimandavo il più possibile ogni attività, la passione era prossima allo zero. Qualcosa non era allineato a me o io non ero allineato a quel percorso.

Dopo un'attenta analisi dentro di me (sono sempre stato molto riflessivo) ne ho capito il motivo. La strada dell'università l'ho imboccata per un presupposto sostanzialmente sbagliato: sentivo il peso di un sogno mancato da parte di mia mamma.

Sì, perché lei l'ha dovuta abbandonare già dapprima nel suo paese d'origine, perché non aveva la famosa tessera comunista che era obbligatoria per poter accedere agli esami ed alla laurea e poi, da adulta, quando avrebbe potuto farla in Italia, le venivano richiesti degli orari lavorativi che non le consentivano per nulla di fare entrambe le cose, proprio per accudirmi.

Quando è toccato a me, mi sentivo in una sorta di "obbligo" a prendere la laurea per compensare ciò che a lei è stato privato: volevo riscattare la scelta obbligata imposta a mia madre. Per un po' il gioco ha retto ma poi il castello si è sgretolato. Ricordo con estrema precisione anche quando: proprio in concomitanza dell'ultimo esame che ho dato prima di ritirarmi definitivamente.

Difatti, tutto il pomeriggio precedente l'avevo passato sul divano a giocare alla Playstation e per una persona come me sempre dedita al dovere, è stata una scena paradossale che mi ha fatto capire la mia *non*-coerenza tra la scelta fatta e ciò che volevo davvero.

Così la scelta, ancora una volta, di parlarne a Vesna. Avevo procrastinato per mesi quel discorso con lei, non tanto per la mia decisione ma per paura di darle un dispiacere estremo: io che avevo quella possibilità, mentre lei non ha avuto lo stesso onore... lo stavo letteralmente buttando via. Ma del resto non potevo andare avanti nella finzione: mi ero assunto la responsabilità delle conseguenze, anche spiacevoli, in merito alla mia decisione finale di lasciarla per sempre. Ero lì solo per una sorta di razionalità, per seguire la mente non di certo il cuore. Ormai sapevo di aver un altro progetto, un'altra idea di vita.

Mi aspettavo la peggior delusione nei suoi occhi per questo ma in realtà, alla fine, lei ha capito le mie motivazioni dicendomi, addirittura, che la vita era la mia, non la sua, ed avevo la sua massima solidarietà qualunque cosa avessi deciso, dandomi il suo pieno appoggio. Per me questo era importantissimo.

L'università non s'integrava per nulla con ciò che era la mia ambizione di allora di essere un imprenditore, di ricoprire quel ruolo. Mi occupava troppo tempo della giornata e non mi dava lo spazio che volevo per coltivare il mio sogno. E per di più, quel tipo di sistema non è fatto per creare imprenditori ma ottimi dipendenti e "Top Manager". Fai attenzione! Non sto dicendo che se le tue ambizioni siano ricoprire posizioni manageriali, anche di altissimo livello, l'università non conti: anzi, è il modo migliore e ti dico di tuffarti completamente, in tutto e per tutto, in questo percorso. Ma la mia passione, il mio fuoco mi portavano a voler diventare un imprenditore, quindi quella scelta non era per nulla allineata a me; mi sentivo come se questo sogno lo dovessi rimandare di altri cinque anni.

Il profilo manageriale alle dipendenze di qualcun altro non ha mai rispecchiato la mia vera natura: seguire il proprio *Io* più profondo è una scelta difficile, è vero, ma sono certo che sarebbe molto più difficile vivere quella vita che gli altri vogliono per te o che tu stesso t'imporresti per non deludere chi ti sta accanto, rispetto a inseguire e realizzare i propri sogni.

Lo studio e la cultura hanno un peso specifico fondamentale nella nostra vita, questo è indubbio: per me quello era semplicemente il momento sbagliato. A 19 anni avevo altri ideali, volevo già mettere le mani in pasta concretamente nel mondo del lavoro; volevo iniziare subito a costruire la mia vita professionale e non affidarmi più ad un metodo che forse, e dico forse, me lo avrebbe permesso da lì a chissà quanti altri anni ancora.

E così, dopo il primo anno accademico e tre esami, che non sono andati malissimo anzi. con voti alti tra il 25 e il 28, l'ho lasciata con la promessa che un giorno la riprenderò, quando il tempo e le modalità giuste saranno cucite su di me e non il contrario. A quei tempi di mordente non ce n'era affatto.

La decisione è stata presa dopo aver sostenuto degli esami, dopo aver provato e aver toccato con mano quel mondo. La mia visione di ciò che sarei stato di lì a 5 anni non corrispondeva per nulla allo stile di vita che avrei voluto raggiungere: essere indipendente, vivere in una casa da solo, essere in parte già affermato, con una condizione economica solida e, perché no, titolare di un'azienda.

Quello oramai non era più un sogno ma un insieme di obiettivi, la mia ambizione per i miei 25 anni: tutto lì. Ed ho fatto delle scelte, talvolta anche delle *non*-scelte, ovvero decidere di non proseguire l'università. I sogni per trasformarli in realtà hanno bisogno di visione, di immagini nella testa e sì, anche di idealizzare, ma poi passare a programmare, mettere date, fare piani d'azione precisi, concreti e… far di tutto per portarli a compimento. E così è stato!

La mia prima operazione immobiliare: la prima volta non si scorda mai…

La passione per l'edilizia e le costruzioni mi è nata con i mattoncini colorati "Lego". Ancora oggi sono un appassionato collezionista: creare, formare, dare vita a qualcosa, unendo un "ammasso" di pezzi è qualcosa che mi ha sempre affascinato. In più, crescendo e guardando mia mamma, ho intuito e visto l'enorme potenziale economico che c'è dietro gli investimenti immobiliari e l'edile e la mia ambizione era, appunto, generare risultati importanti.

A 13 anni ho partecipato al mio primo corso di formazione, quello che oggi si chiama *WakeUpCall* e che a quei tempi era *Wellness Finanziario* di Alfio Bardolla, al quale sono davvero molto grato. È li che ho appreso il concetto delle entrate automatiche. Alfio sostiene che la ricchezza è un tavolo che poggia su quattro piedi: trading, internet business e/o royalty, creazione di un business automatico o semi automatico e infine dal settore immobiliare, a me tanto adorato.

Ho frequentato persone di questo mondo, in cui il concetto della libertà finanziaria è sempre al primo posto. La mia programmazione mentale in tal senso, si è formata proprio su questo pilastro.

Così, appena ho compiuto la maggiore età, mi sono messo in cerca di un'operazione immobiliare, perché volevo farne una tutta mia. Stavo frequentando ancora la quinta superiore, ero uno studente giovane e inesperto ma la voglia di "partire" bussava dentro di me prepotentemente.

Passano i mesi, la mia ricerca per l'affare immobiliare prosegue e nel mentre ho preso il diploma. Nello stesso momento, dopo visite su visite, lo studio di numeri e prospetti, intercetto l'operazione "perfetta". Inizio l'università di cui prima.

Studio e "lavoro", "lavoro" e studio. Giorni intensi, con una spinta emotiva incredibile e inverosimile. Appena maggiorenne ero già impegnato fino a 15 ore al giorno per inseguire i miei obiettivi.

Una volta stabilito che fosse quello giusto, ho "bloccato" lo stabile e per me il lavoro era finito lì, perché nel *mio* mondo ideale avrei passato la palla a mia madre, la quale mi avrebbe fatto trovare gli investitori, o lei stessa avrebbe investito, insegnandomi tutto per filo e per segno. Il mio compito era terminato lì, o al massimo avrei dovuto redigere il Business Plan. Ma così non fu. Quella era la mia idea. La sua non era di certo la stessa! Infatti:

"Bravissimo! Ora hai tutto il resto da fare: trovare i finanziatori, gestire la squadra, i compratori e tutto il resto."
"Ma come non la fai tu?"
"Di chi è l'operazione?"
"Mia. Ok, ho capito!"

Ero solo. Inizialmente l'ho presa malissimo, come un affronto e mancanza di fiducia nei miei confronti, dall'ingiustizia gratuita e ingiustificata. Addirittura, mia madre ha chiamato tutte le conoscenze in comune ordinandogli di non aiutarmi in alcun modo. Le aveva studiate tutte per rendermi la vita difficile. Ma poi con il tempo ho scoperto che è stato un suo personale modo per forgiarmi. Anzi, dopo qualche anno, ha ammesso che in quel periodo si sentiva tremendamente in colpa e che piangeva di notte da sola, in silenzio.

Da un lato, il suo istinto materno avrebbe voluto stendermi più "tappeti rossi" possibili per aiutarmi e rendermi le cose facili, dall'altro voleva insegnarmi indirettamente a crescere in un mondo che non fa sconti; razionalmente sapeva che era l'unica cosa giusta da fare, nonostante il dispiacere, anche se non era facile per lei dirmi di no e mettermi persino i bastoni tra le ruote.

Lei mi ha sempre detto di ragionare non nel breve termine per farsi amare e basta come una mamma chioccia ma nel lungo periodo, per far sì che affrontassi la mia vita al meglio, con tutte le interferenze naturali che questa ci presenta, più o meno, ogni giorno. Se non si è abbastanza forti, alla prima folata di vento si viene trascinati via, come foglie indifese e inermi. Ecco il motivo per cui mi ha lasciato solo: per farmi camminare sulle mie gambe, autonomamente.

Oggi provo davvero gratitudine infinita per questo: grazie a quel "no", a quella porta sul muso, ho appreso moltissime lezioni di vita. Come si è conclusa l'operazione? Ho trovato i finanziatori e la squadra; sono stati mesi segnati dalla paura di non farcela o persino di fallire. Mesi di estremo impegno e sacrificio ma allo stesso tempo di entusiasmo e adrenalina alle stelle.

La "fame", la voglia di farcela, la sfida, il "perché" sono stati così forti che nonostante tutti i dubbi e la giovanissima età, ero un diciottenne appena diplomato, non mi sono perso d'animo anzi, mi sono assunto tutte le responsabilità e dopo aver lottato con le unghie e con i denti per portarla a temine, ho guadagnato in appena 10 mesi i "miei primi" 42 mila euro che, facendo una media, si parlava di 4 mila al mese.

Uno "stipendio" creato dalle mie fatiche e al tempo stesso dalle mie capacità, risultava incredibile anche per me stesso. Quando ho fatto i conti effettivi (quelli su proiezione erano più bassi) ero incredulo. Immagina un diciottenne con tutti quei soldi "creati" dal proprio impegno: facevo fatica a pensare di essere nel mondo reale, invece… quello poteva essere l'inizio della mia nuova esistenza, della mia nuova realtà.

Ecco perché ho lasciato l'università: ho sentito che solo quella poteva essere la mia vita. Ho sentito che a quel punto più niente e nessuno mi avrebbe potuto fermare, dal punto di vista economico e di crescita personale. Dovevo solo mettermi d'impegno a voler crescere, costi quel che costi.

Mancava solo l'aspetto fisico da sistemare, perché questo incideva molto sulla mia autostima. Te ne parlerò nel prossimo capitolo.

Capitolo 4:

Costruisco per poi decollare verso la vita sognata, partendo dal mio corpo

Il rapporto con il mio corpo, inteso come "involucro" esterno, è sempre stato "particolare". Per particolare intendo senz'altro negativo, conflittuale e poco funzionale per il mio benessere mentale. È sempre stata una "lotta" e senza nemmeno dirlo, il mio *Io*, Cristian, ne è uscito sempre sconfitto e abbattuto.

Ma a volte succede che una guerra si vinca proprio nell'ultima battaglia. E la mia personale battaglia è stata vinta pochissimo tempo fa. Solo l'anno passato posso dire di aver trionfato realmente, dopo 28 lunghi anni di patema. Come dico sempre: il vincitore non è chi parte ma chi persiste e arriva! Partiamo dall'inizio.

L'immagine allo specchio di me stesso l'ho sempre odiata ed è stata per anni il mio peggior nemico. In quel Cristian riflesso c'era tutta la mia frustrazione, il mio sgomento, la mia non-accettazione di me e, in parte, il mio fallimento. Non era il corpo di me in sovrappeso a farmi provare disprezzo ma ciò che questo rappresentava: il non sentirmi adeguato, anzi, al contrario, continuamente fuori posto, di certo non all'altezza delle aspettative che avevo nei miei stessi confronti e nei confronti del mio futuro. Questo loop, inevitabilmente, ricadeva sulla mia autostima: "non mi piaccio" equivaleva a "non valgo".

Ero schifato da me stesso: è una sensazione che non auguro a nessuno di provare e nel caso così fosse in questo momento per te, credimi: c'è una via d'uscita.

Immagina quindi cosa ho fatto per anni: ho evitato di guardarmi. Mi ero auto-bombardato con l'idea di perfezione degli altri, mentre io ero un "difetto" unico. Il confronto per me era dilaniante e di certo non migliorava la situazione: il mio cervello ormai si era settato su un involucro orribile e, a cascata, tutto diventava difficile.

Persino con le persone a me vicine, che cercavano in un qualche modo di aiutarmi, di disancorare questo stato emotivo e di percezione di me così infelice, il rapporto s'incrinava quando si andava su questo argomento. Per me era impossibile farmi aiutare e soprattutto accettarmi così com'ero. Ero rassegnato, senza via d'uscita.

Per di più, come un cane che si morde la coda, l'unico mio rifugio emozionale per "non pensare" era il cibo. Ricordo ancora gli attacchi di fame (emotiva e nervosa) che mi colpivano anche solo dopo una piccolissima interferenza, un "no", un rifiuto o semplicemente un'interrogazione non andata al massimo di come avrei voluto: aprivo il mobiletto della dispensa o il frigorifero e spazzolavo qualsiasi cosa mi capitasse a tiro, abbuffandomi senza ritegno.

Mia madre era bravissima, perché principalmente non comprava mai cibo spazzatura, cose zuccherate o bibite dolci ma, ciò nonostante, non avevo freni. Ero anche capace di uscire di casa e andare al primo bar o supermercato a comprare ogni sorta di "schifezza", una vera e propria fuga, pur di appagare quella sensazione di inadeguatezza. Era il mio rifugio, era il "cibo" per nutrire il mio stato depressivo.

Dopo lo sfogo cosa succedeva? Saliva la più totale crisi, con tanto di senso di colpa, pianti e rimproveri a me stesso. Era un vortice davvero difficile dal quale uscire.

Nonostante razionalmente sapessi che quel comportamento era distruttivo, in un qualche modo mi dava sollievo, anche se per un limitato periodo di tempo. Non importava per quanto ma per un po' ero consolato ed alleviato e vivevo una piccola tregua. Non conoscevo altro modo.

Nella vita di tutti i giorni, ad esempio con le ragazze, ero impacciatissimo, introverso e facevo a fatica a rapportarmi. Come ho raccontato, giocavo a pallavolo; dopo gli allenamenti scappavo per primo in spogliatoio, e, la maggior parte delle volte, fatto un cambio super fugace della sola maglietta, andavo a casa a lavarmi. Se proprio non potevo (ad esempio d'inverno quando ad uscire in quelle condizioni, così sudati, si rischiava di ammalarsi pesantemente o anche quando dovevo andare ad una cena post-allenamento) m'infilavo sotto la doccia, togliendo l'accappatoio solo nel momento in cui ero dentro, "al sicuro".

Appena finito di lavarmi, allungavo il braccio per recuperarlo e metterlo subito indosso. Il cambio era una tragedia: per lo più sfilavo solo le braccia, tenendo l'accappatoio sulla schiena e, in una specie di contorsionismo, infilavo al volo slip e maglietta, cercando il momento migliore in cui non ci fosse quasi nessuno a guardarmi. Ma era, ovviamente, solo una mia fissa: nessuno aveva gli occhi puntati su di me ma io me li sentivo comunque, proprio perché non mi accettavo. Adottavo ogni sorta di "strana" strategia pur di non farmi vedere nudo.

Fin da bambino, alle elementari sono stato oltre che il più alto, anche rotondetto rispetto alla media dei miei compagni di classe. Fin dall'asilo sono sempre stato "quello alto" della classe. La struttura fisica è sempre stata imponente.

I miei vestiti erano sempre larghi, larghissimi, anche oltre la "mia" misura. Quando c'era a disposizione lo stesso capo che già mi andava bene ma con una taglia con delle "X" in più, prendevo quello più grande. Alle commesse e ai commessi, perché il mio totale imbarazzo era nei confronti sia di uomini che di donne, chiedevo di stare lontani dal camerino e se proprio non potevo fare da solo a volte, nel rivolgermi a loro, nemmeno riuscivo a guardarli in faccia e la mia voce era così bassa che facevano anche fatica a capire cosa stessi dicendo.

Al mare o in piscina? Apriti cielo! Ero sempre con la maglietta, anche a fare il bagno o stavo "relegato" sotto l'ombrellone. Quelle rare volte che l'ho tolta stavo perfettamente sdraiato il più "schiacciato" possibile alla sabbia per "non farmi scorgere".

Il mondo non poteva assolutamente vedermi in quello stato. Ricordo che le vacanze sceglievo di trascorrerle per lo più con la famiglia che con gli amici, anche da ragazzo, quando avrei potuto andare con loro. Inventavo ogni sorta di scusa per defilarmi. Quelle poche volte che ho accettato, sono andato con gli amici della pallavolo. Era un contesto che conoscevo, anche se accettavo con la promessa solenne che non mi avrebbero dovuto fare nessuna fotografia. Nemmeno una!

Quando giocavamo a beach volley, era rigorosamente con la canotta. Una volta un mio amico ha fatto una foto e l'ha messa su Facebook. Sono letteralmente impazzito: l'ho chiamato e l'ho insultato, dispiacendomi ovviamente, ma non avrei potuto avere una mia "testimonianza" che girasse sul mondo dei social. Non solo l'ho pregato di togliere il tag ma di eliminarla, perché non dovevano esserci prove di quella mia immagine. Ad oggi, io non ho foto di me stesso fino a due anni fa. Quella che ho messo è stata fatta e tenuta "per caso". Visto che credo fermamente che il caso non esista, voglio pensare che forse, averla tenuta, trovata e scovata, era un presagio per questo libro.

Le feste di compleanno, cene con amici e occasioni in cui si richiedeva un abbigliamento elegante/aderente le saltavo il più possibile, perché rischiavo di far vedere un corpo e di conseguenza un'amara realtà che era impossibile per me da riconoscere.

Un primo cambiamento ma non esaustivo, anzi, transitorio ed apparente, è iniziato all'arrivo dei miei 20 anni, in cui ho iniziato a frequentare la palestra. Ma la vivevo come un obbligo, quindi erano più le volte che la saltavo o che non completavo il programma rispetto a quelle in cui mi mettevo d'impegno. I soliti schemi fatti dal mangiare male, procrastinare e non mantenere fede alla promessa del "lunedì promesso che inizio!", erano sempre dietro l'angolo e con un "niente" ci ricascavo, senza nemmeno quasi accorgermene. L'unico freno consisteva nella malattia genetica di cui ti ho parlato ma effettivamente non c'era niente di entusiasmante in vista.

Trovavo sempre il (malo) modo di auto sabotarmi in una qualche maniera, ricreando i presupposti per mollare il colpo. Il mio cervello era talmente tanto assuefatto dall'immagine di me stesso "grosso" e impacciato che faceva di tutto per tornarci: le abitudini negative sono molto più difficili da estirpare rispetto ad introdurne di positive, propositive e sane.

Il braccio di ferro era giornaliero e così estenuante da lasciare "vincere" la mente; il vecchio stile di vita era predominante. Nulla da fare! Per anni ho iniziato a settembre, ottenendo anche buoni risultati ma poi con l'arrivo dell'estate tornavo irrimediabilmente di nuovo indietro. E questo per 4/5 anni è stato il mio film: le estati, in pratica, in casa. Depresso, con un'immagine di me distorta e "piena", in uno stato emotivo auto-distruttivo: ero, in pratica, dipendente dal fatto di vedermi "orribile". Quella la realtà, anche perché quando sei in questo stato c'è una parte di te, alimentata proprio dal malessere, che ti ricorda quanto tu non possa meritare di essere "in forma", entrando in un circolo vizioso: non merito=faccio schifo, faccio schifo=non merito.

Quindi, l'idea di vedermi diverso (migliore) non mi avrebbe consentito di "piangermi addosso", perché mi avrebbe fatto uscire dallo stato in cui il mio cervello era stato programmato e perciò non si sarebbe sentito "degno", oltre che a provare "dolore" e "paura", proprio perché a quella condizione (quella desiderata) non era abituato. Già, certi sabotaggi sono impressionanti visti dal di fuori e persino inspiegabili razionalmente.

Credo che, in parte, c'entrassero i torti e le offese (anche fisiche) subite da piccolo. Il mio aspetto era una "debolezza" per me e veniva usata categoricamente contro di me. Quindi, facevo di tutto per non mostrarmi "debole" attraverso un fisico inadeguato.

Quando perdevo qualche chilo ero finanche "sdegnato" da quel Cristian, non lo riconoscevo: era così bello e performante da farmi persino soggezione! Non ero pronto ad accettarlo e a gestire tutte quelle emozioni così profonde e significative che quel cambio stava portando. Decisamente no. Dovevo ancora maturare: per me quella di "ciccione" era un'identità e seppure mi portasse a stare male, la conoscevo: mi riconoscevo in quell'immagine.

La realtà è che non avevo un "perché" così forte che mi permettesse di fare quel salto che, ahimè, porta alla rottura e poi al beneficio ma che ha in seno la sofferenza, come passaggio verso la crescita. Tutti i cambiamenti, tutte le evoluzioni portano con sé dolore, quel tipo di dolore (per fortuna momentaneo) che se non si è spinti da una forza propulsiva molto potente, si abbandona il campo. E purtroppo, la bacchetta magica non ce l'ha nessuno. Questo è un passaggio obbligato.

Così mi sono poi affidato a tre personal trainer nei successivi anni: i peggiori esempi da seguire! Non solo tutti mi hanno promesso un percorso facile ed immediato ma, peggio ancora, mi hanno consigliato addirittura di fare ricorso a "piccoli" aiutini: il doping.

E il brutto di ciò è che queste persone sono anche *influencer*, con tanto di migliaia di follower sui social. Mai e poi mai affidarsi alle scorciatoie: sono dannose per la salute e non risolvono il problema alla fonte, oltre a creare una dipendenza dalla quale poi è difficile uscirne. Lo so per esperienza vista su alcune persone a me care.

Io personalmente, anche per la malattia che ho, ve ne sono stato sempre ben lontano. Loro si son spacciati come facilitatori di un percorso che non è assolutamente semplice. Per ottenere un fisico all'altezza delle proprie aspettative ci vuole determinazione, costanza, presenza e tantissimo sacrificio. Oltre quanto ci si immagina. Ma alla base è necessaria una cosa: la responsabilità verso se stessi e la reale motivazione a volercela fare.

Senza questi presupposti, alla prima interferenza tutto crolla. E questo lo applico in tutte le diverse aree della mia vita. Dopo anni altalenanti, io sono passato dal "mi faccio schifo completamente", al "dai sono un po' meno peggio". Finalmente, in concomitanza con il mio trasferimento a Milano, a settembre 2018, ho conosciuto "IL" personal trainer, per me, per eccellenza, come tale si può definire.

Come prima cosa mi ha detto: "vuoi la classica tartaruga sull'addome? Possibile sì ma devi farti un mazzo grande quanto una casa! Nessuno sconto, nessuna scusa, nessuna storia. Si deve faticare e darci dentro. Sei disposto? Realmente disposto?"

Aveva un approccio completamente diverso dagli altri, anzi opposto: "I risultati si ottengono con la fatica. Stop. I miracoli non esistono e gli allenamenti e le rinunce sei tu a doverle fare. E, oltretutto, non basta farle ogni tanto, devi essere un treno inarrestabile. Nessuna promessa, nessuna falsa aspettativa. Tutto sarà frutto del tuo impegno. Niente di più, niente di meno."

Roberto, questo è il suo nome, ha preso a cuore il mio caso anche in relazione alla mia malattia e abbiamo studiato a tavolino allenamento e regime alimentare adatto. È riuscito a spronarmi e così siamo partiti a pieno regime. È stato in grado di trasferirmi una visione di allenamento legata al mio benessere, non solo alla sterile forma fisica e basta.

Per quell'anno i risultati sono stati discreti e buoni. Ero felice a mano a mano che ottenevo miglioramenti ma mancava ancora qualcosa. Non sapevo esattamente cosa ma il quadro non era completo al 100%. Non perché non avessi ancora raggiunto il fisico che avevo in mente, anche se il mio ideale di status asciutto e "perfetto" era ancora ben lontano ma perché qualcosa dentro me scricchiolava ancora.

Dinnanzi allo specchio la mia immagine era decisamente migliorata ma in me qualcosa non era ancora scattato nonostante, ribadisco, la mia riconoscenza in Roberto e in ciò che stavo realizzando era altissima.

La totale accettazione è arrivata con il tempo. Quando? Ricordo il giorno esatto. È indubbio che quello che è successo è stato il coronamento di un lungo ed estenuante percorso ma il "click" c'è stato nell'agosto del 2019, dopo quasi un anno di allenamento.

Ero in vacanza con la mia famiglia e un giorno sono andato a provare in un negozio dei pantaloni bianchi. Curiosità, sfizio, volermi mettere alla prova… non lo so. Per me i pantaloni sono stati da sempre l'acquisto peggiore e dilaniante che potessi fare proprio perché mi presentavano il conto con la mia pancia. Quella volta, e lo ricordo benissimo, "magicamente" quei pantaloni, bianchi, colore mai indossato prima, quell'immagine riflessa, quella sensazione di accoglienza di quel piccolo negozietto sul lungomare e i profumi mi hanno donato una sensazione di incredulità e un brivido mi è passato lungo la schiena.

Sì, quel ragazzo era decisamente piacente, lo devo ammettere, anche se in realtà nemmeno mi stavano molto bene oggettivamente ma ciò che è successo e che ho capito era che io avevo iniziato ad amare realmente "quel Cristian" in quello specchio. E quel Cristian ero io. Quel Cristian si stava impegnando oltremodo per realizzare la versione migliore di sé e non solo per appagare un comune senso di "bellezza estetica". Stava cercando con tutto se stesso di non ricadere nei vecchi schemi, stava lottando contro i suoi stessi demoni, stava lottando per iniziare ad amarsi.

E non poteva che avere il mio massimo rispetto. L'amore che provavo per me stesso, finalmente. Ci eravamo connessi. La mia immagine per la prima volta non era più distorta in negativo ma era reale. Non che mi piacesse al 100% ma non provavo più odio, anzi: solo amore e compassione. Ora nutrivo la speranza di poterla modificare, era in mio potere farlo, avevo tutti gli strumenti. Non ero più vittima di un'opera d'arte immodificabile, orribile e "uscita male", ero padrone del destino, del mio corpo. Mi son sentito così. Ho sorriso, mi sono guardato negli occhi e mi son detto: "Dai Cristian, andiamo!"

Ero fiero di me ed ho capito in quel preciso istante di aver sconfitto, per sempre, quel demone che non mi permetteva di vedermi per quello che ero realmente, a prescindere dall'aspetto esteriore.

Ho persino anticipato il mio rientro a casa per ricominciare gli allenamenti, più forte e determinato che mai. Senza se e senza ma dando il 100% di me. Ah, se ti stai chiedendo se i pantaloni li ho poi comprati, la risposta è negativa, ma ho preso altro per ricordarmi quel momento.

Quando andavo in palestra, non era più "sposto i pesi", "impegno un'ora del mio tempo per allenarmi" e "devo", ma "voglio" e "faccio meglio dell'ultima volta, con amore verso me stesso, senza scuse." La performance era ancora importante ma non è stato più il punto cardine su cui ho iniziato a far ruotare tutto: il vero perno è stato il *chi* sarei diventato, quali sane abitudini avrei adottato, che corpo avrei realizzato e non quanti chilogrammi avrei alzato o il numero di ripetizioni che avrei fatto. Il fisico dei miei sogni sarebbe arrivato come una piacevole conseguenza.

In questo cambio di mentalità ho racchiuso tutto: l'atteggiamento con cui affrontare le sfide e i sacrifici. Tutto ha iniziato ad essere per *me*, per *Cristian* e per l'amore verso di me. Da lì cosa è successo?

Da settembre 2019 a luglio 2020, lockdown compreso, a cui tutti siamo stati soggetti per l'Emergenza Sanitaria legata al Covid-19, son passato dal 27% di massa grassa all'8,75%, nonostante tutto. Il peso è rimasto lo stesso ma la composizione corporea è cambiata completamente.

Avrei potuto trovare ogni sorta di scusante ma ormai la mia intenzione, il mio *perché* erano diventati troppo forti. Ho riassettato un posto in casa mia, facendolo diventare la mia palestra. Ho comprato pesi, bilancieri e attrezzature, nonostante fosse complicato reperirli proprio per le chiusure mondiali sentivo e vedevo tramite chiamate a distanza Roberto, facevo arrivare a casa gli alimenti giusti. Non ho mollato di un solo centimetro.

Per me è stata una vera e propria guerra contro me stesso: non è che mi sveglio con la voglia ancora oggi, dopo una giornata di lavoro, di fare un'ora di squat, alzare pesi, allenarmi 6 volte a settimana e rinunciare a quei succulenti piatti fatti di carboidrati e zuccheri è un sacrificio! Ma avevo ed ho un proposito ben chiaro e focalizzato, oltre che vincere il braccio di ferro con la parte di me che vorrebbe, imperterrita, rompere le uova nel paniere e tornare nella sua "comodità".

Per me era impensabile un risultato così. Era impensabile indossare abiti aderenti. Era impensabile dover fare più buchi alla cintura. Era impensabile fare addirittura uno shooting fotografico. Era impensabile comprare una camicia. Era impensabile accettare, come faccio oggi, inviti al mare. Arrivare in spiaggia ed essere il primo a togliermi la maglietta. Era impensabile fare un *selfie* e postarlo. Era impensabile fare fotografie-ricordo con amici e parenti con naturalezza. Era impensabile non sentirmi in colpa persino, quando, una volta a settimana, mi concedo una completa giornata di "pasti liberi", dopo 6 giorni di focus e attenzione mirata a ciò che mangio. Oggi mi accetto così per come sono e mi lascio tempo per realizzare chi voglio diventare, con i sacrifici che so che dovrò fare. La mia autostima è intoccabile e la soppeso ai risultati che ho ottenuto e alla determinazione che ho formato in questo percorso.

Per 26 anni ho letteralmente odiato il mio corpo, sono due anni che ho iniziato ad apprezzarlo, uno scarso 10% della mia vita. Mi amo per quello che sono, amando anche il mio percorso. Sono felice di chi sono diventato e fiero. Questo non significa accontentarmi, anzi, significa essere allo stesso tempo grato per il passato, entusiasta per il presente e ambizioso per il futuro, con stimoli nuovi e nuovi obiettivi: so che se voglio alzare l'asticella devo farlo solo io; se voglio creare qualcosa lo devo creare personalmente.

Diventa fondamentale essere realizzati, giorno per giorno, *step by step*, durante il viaggio, godendosi il momento, e non aspettare e delegare alla realizzazione dell'obiettivo per essere orgogliosi di se stessi, appagati e realizzati. Guardare sempre alle tre direzioni: ieri, oggi e domani.

Voglio concludere questo capitolo con un altro aspetto che considero molto importante. Il mio aspetto fisico ha impattato anche nel rapporto con le ragazze. È indubbio che fossi impacciato e molto timido nell'approcciarmi a loro proprio perché la sicurezza in me era prossima allo zero, come ho raccontato. Anche solo "attaccare bottone" per me era complicatissimo: chissà come mi vedevano "indegno". Ero paralizzato dalle mie stesse paure e dalla proiezione di come vedevo me, totalmente inadeguato.

Il mio primo bacio l'ho dato molto tardi rispetto ai miei amici. Questo potrebbe non essere un problema se non lo si vivesse malissimo, così come per me era: alla base c'era un enorme "problema" di mancanza di autostima assoluta. E questo portava con se atteggiamenti e decisioni che, rivisti con gli occhi di oggi, non sono stati propriamente così saggi.

Difatti, mia madre nel 2013 si è trasferita a Milano. C'è stato un distacco da lei, perché io ho continuato a vivere a Roma. Nel ritrovarmi da solo sono entrato ancor di più, in maniera negativa, nel loop della mia immagine completamente disfunzionale di me.

Da lì a poco, come tutti i ragazzi giovani, sono riuscito a trovare anche io la fidanzata ma sono subito andato a conviverci perché per me era comodo, così non avrei dovuto mettermi in gioco proprio per il motivo che non mi fidavo delle mie capacità e, soprattutto, non avrei dovuto affrontare un vero "mostro": l'immagine che avevo di me stesso. Era così negativa che l'idea di stare da solo con Cristian, di alzarmi al mattino e ritrovarmi con il mio IO "orribile" mi ha messo nella condizione di scegliere la strada "più facile" di quel momento: accelerare i tempi.

Non mi son dato il tempo di vivere i rapporti in modo "leggero" da fidanzati e basta, perché solo con me stesso non riuscivo a stare e, per di più, non avevo la necessità di dovermi mettere in gioco: ormai la donna a fianco a me l'avevo trovata. Era una protezione, oggi lo so, e anche se non mi piacevo per nulla, poco importava, potevo nascondermi dietro a questa cosa.

La prima convivenza è stata dai 19 ai 24, e l'altra dai 25 ai 28 anni; sono state nel periodo "pre-nuovo Cristian". Era l'idea di un Cristian senza difese mi faceva impazzire, letteralmente. Nel 2018, quando tutto ha iniziato a cambiare, in parallelo il mio corpo e la mia mente, sono andato a vivere da solo, come tutt'ora è. Oggi se vorrò vivere nuovamente con una compagna sarà per una scelta, non per un obbligo, né per "rifugio" né tanto meno per scappare da me stesso. Ora non ho più bisogno di fuggire dalla mia stessa immagine.

Il lavoro, soprattutto mentale, è stato duro e faticoso ma posso dire che ne è valsa decisamente la pena. Ci tengo a inserire una foto di me "prima" ed una del "dopo". Del prima non ne ho molte, perché di fatto sono stato talmente bravo negli anni a non farmele fare e quelle pochissime che ho non le trovo nemmeno. Forse le avrò anche strappate. L'unica "meno peggio" che sono riuscito a scovare è grazie a mia mamma. Ce l'aveva lei in un cassetto, dimenticato da tutti. Sono stato decisamente più rotondo di così e molto meno in salute ma ero talmente tanto schifato da me stesso che ho cancellato tutte le prove negli anni.

Quella del "dopo" è il Cristian di oggi. Trova le differenze.

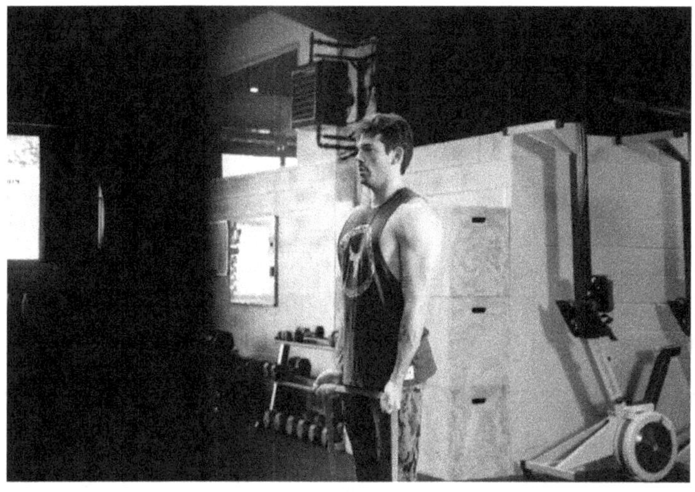

Capitolo 5:

Ohana

Sono un amante dei cartoni animati per le metafore che racchiudono e, difatti, consiglio di guardarli anche agli adulti, con gli occhi di chi vuole imparare delle lezioni di vita elementari ma al tempo stesso imprenscindibili. Detto questo, uno dei miei cartoni preferiti è *Lilo & Stitch*, un classico Disney.

In questo ha grande rilevanza una parola: *Ohana*.

Ohana significa famiglia e famiglia vuol dire che nessuno viene abbandonato o dimenticato.

Questa citazione rimanda all'idea di famiglia secondo la cultura hawaiana. Con il termine *Ohana* s'intende la famiglia non solo in senso stretto, come legame di sangue, ma anche come rapporto che unisce le persone in funzione dell'affetto e dei valori di cooperazione, condivisione e rispetto. Significa prendersi cura gli uni degli altri scegliendosi e accettandosi reciprocamente.

Difatti, Stitch, nonostante sia un alieno, viene accolto nella famiglia di Lilo.

La mia personale *Ohana* è formata da tutte quelle persone che non lo sono per obbligo, perché unite a me anagraficamente, ma quelle con le quali ho un rapporto unico e speciale, quelle meritevoli di esserci, perché ci siamo *scelti.*

Ancora una volta la scelta. *Ohana* è la famiglia, appunto, scelta. Non è che ci sia un contatto quotidiano con loro o che siano dietro l'angolo ma sappiamo che possiamo contare gli uni sugli altri, sempre pronti ad aiutarci e/o condividere un momento di gioia. Non è la presenza o la vicinanza costante a fare la differenza ma la consapevolezza dell'esserci reciprocamente.

Scegli le persone che per te sono *famiglia* e che vuoi facciano parte della tua cerchia ristretta sulla base di condivisione, rispetto e stima ricambiata. Crea anche tu la tua personale *Ohana,* senza sentirti obbligato ad amare a tutti i costi chi non merita, anche se hai con lui un legame di sangue.

Nelle prossime pagine, tengo particolarmente a menzionare la mia *Ohana* e il motivo per cui, ogni giorno, onoro il nostro rapporto così speciale. È indubbio che cito solo le persone principali, perché se dovessi scriverle tutte, sui diversi livelli, non mi basterebbe un intero libro. Per questione di tempo e spazio ho inserito solo quelli più intimi, con i quali ho un rapporto viscerale ed unico, perché la famiglia allargata, la mia *Ohana*, è paradossalmente infinita. Ma tant'è che anche questa volta ho fatto una selezione.

La capolista è **Vesna**, non perché sia la donna che mi ha donato la vita ma perché la scelgo ogni giorno. I motivi? Li hai letti in tutto il corso di questo libro. Esempio e lezioni di vita, leader carismatica, una donna che si è fatta da sé, pronta a tagliarsi un braccio per me. Imprenditrice come poche che conosco. Dagli altissimi valori, dalla moralità e integrità più unica che rara e dalle qualità indiscutibili. Come potrei non volerla come madre, socia e modello da emulare?

I miei **nonni materni** mi hanno cresciuto con così tanto amore. Come non menzionare **Zia Tina**, zia di sangue. In questo caso, al contrario degli altri, è stata lei a scegliermi, laddove nessun altro l'ha fatto, addirittura considerandomi il figlio di serie B.

Elena, la considero come una zia, che non voglio dire "acquisita", perché è come voler screditare la sua presenza. Per me lei è un'*Ohana* pura. Da quando mi ha conosciuto, dopo l'incontro con mia madre, mi ha trattato come Cristian. Punto. Non come "il figlio di", "il coach", "il socio" ma come un ragazzo a cui lei ha voluto dare merito e fiducia di essere suo "nipote".

Lei mi ha incoraggiato a diventare Coach in ABTG - AlfioBardolla Training Group. C'è sempre stata, prontamente, in tutte le mie cadute e "crisi" (come quando mi hanno messo i sigilli in cantiere, oppure in situazioni in cui ho discusso con mia madre, è sempre stata al di sopra delle parti), non ha mai avuto alcun tipo di giudizio. Tuttavia, non è che sia stata sempre accomodante con me. Anzi: mi ha fatto uscire spesso dalla mia zona di comfort, come ad esempio portandomi con sé a fare le vacanze in zone selvagge, cosa che non amo particolarmente.

Se è vero che Elena la considero zia, ho tre miei amici che sento "fratelli scelti": **Davide, Marco e Alessandro.** Sono figlio unico ma sono molto legato a loro. Alessandro lo conosco da quando sono piccolissimo, Marco e Davide, invece, da 4 anni circa. Nonostante il rapporto sia "fresco", siamo tutti uniti profondamente. Non provano invidia, gioiscono per ogni mio successo e sono lì a sostenermi quando sono in difficoltà. Nello stesso modo io con loro. Sono le persone che se le chiamassi e gli dicessi che dovrei nascondere un cadavere, si presenterebbero con torcia, vanga e sacco!

Roberto, il mio personal trainer, mio "zio": ha la mia più grande e profonda gratitudine, un valore fondamentale per me. Lui mi ha dato una visione, mi ha fatto cambiare completamente la concezione che avevo di me e dell'allenamento, mi ha supportato come mai nessuno, mi è stato vicino nei momenti duri e difficili, che non pensavo nemmeno potessi superare. È un vero e proprio maestro di vita, al di là di ciò che ha fatto per me. Ha sempre un occhio di riguardo.

Una frase di Riccardo Acampora dice: "Ama i tuoi cari, scegli i tuoi pari", io ho creato e creo tutti i giorni la mia personale *Ohana*.

Capitolo 6:

Costruisco per poi decollare verso la vita sognata, la crescita personale e la formazione

Oggi, posso affermare che la crescita personale è stata per me un vero e proprio "salvavita". Ma non è sempre stato così. Nonostante i primi successi lavorativi; avessi avuto delle fidanzate; le uscite con gli amici si facessero più frequenti, fino all'età di 25 anni avevo un enorme e gigantesco problema di *autostima*. Dire che la considerazione che avevo di me era prossima allo zero, era farmi un regalo: era profondamente negativa. Mia madre, fin dalla mia giovanissima età, ha insistito affinché frequentassi corsi di crescita personale ma son sempre stato molto restio.

Da una parte li osservavo con estremo (errato) giudizio e scetticismo negativo sia nei confronti dei formatori che degli stessi partecipanti ma devo ammettere che, dall'altra, ciò che più pesava era un giudizio negativo verso me stesso e la paura di mettermi in gioco e affrontare quelle zone d'ombra tenute nascoste sotto il tappeto per tutta la mia vita, dentro di me. Era molto più facile scappare e far finta di niente, ma il dolore corre molto più veloce di noi.

Considerando che comunque ho sempre amato le sfide e questa era per eccellenza la sfida delle sfide, ad un certo punto, dopo ennesimi "No" e rifiuti ho deciso, al contrario, di mettermi in gioco e accettare. Così, ho comunicato la scelta a mia mamma ed ho inviato l'iscrizione al sito di Roberto Re per il corso *Leadership Accademy*. Lei è stata felicissima e devo ammettere che questa è stata la *decisione* che in assoluto, ad oggi, mi ha cambiato in meglio la vita, anche se non è stato per niente semplice mettersi a nudo.

È stata una scelta ponderata, fatta non per "scappare via da" una situazione ma perché era maturo il tempo di "andare verso/raggiungere" una vita decisamente migliore. La motivazione con cui l'ho affrontato, il corso, ha fatto tutta la differenza, come tra il "fare qualcosa tanto per" e "fare qualcosa perché ne sono pienamente convinto". L'energia è completamente diversa!

Ho immaginato che il percorso che ne avrebbe conseguito non sarebbe stato una passeggiata fin da subito. Appena mandata la candidatura mi è arrivato un questionario con domande preventive, che fanno a tutti, proprio prima di accedere al corso in aula di 4 giorni.

Sembravano semplici e, difatti, non erano così introspettive, perché non sai cosa ti aspetta veramente al corso in aula finché non ci sei dentro, ma hanno comunque inciso la prima piccola crepa sulla roccia, "obbligandomi" a riflettere su alcuni aspetti mai considerati prima.

È arrivato il primo giorno. Ci sono andato da solo. Per scelta. Era giunto il momento di prendere tutte le parti di Cristian e accompagnarle, osservarle e guarirle, per poi andare tutti all'unisono verso una vita decisamente più appagante, piena e consapevole in totale autonomia, senza più appoggiarmi a nessuno. A nessuno. Solo a me stesso.

Ero completamente fuori dalla mia zona di comfort abitudinaria; l'angoscia a "spogliarmi" dinnanzi al mio disagio era soffocante ma ho voluto affidarmi completamente a me stesso e alle tecniche e agli esercizi che ci proponevano e vivermela tutta.

Sono stati 4 giorni intensi, carichi di emozioni. Mi sono costati moltissimo a livello emotivo e mentale. Eravamo tutti un gruppo di pari che "lavoravamo" su unico obiettivo: trasformare se stessi, con obiettivi seppur diversi ma volti a crescere ed affrontare i propri demoni. Ciascuno senza giudizio alcuno verso gli altri, si metteva completamente in gioco, smontando qualsiasi certezza avuta fino a quel momento e condividendo tutto, senza limiti, abbassando ogni sorta di difesa.

Una postilla: un weekend lungo non può modificarti la vita nell'immediato e non può darti cambiamenti duraturi per sempre. Ti può offrire degli strumenti ottimi da applicare ogni giorno con costanza e disciplina. Il vero lavoro non è nei giorni subito successivi in cui hai l'adrenalina e lo stimolo ai massimi livelli ma deve iniziare proprio quando questi iniziano a calare, a scemare fisiologicamente.
È in quel momento che devi essere abile a diventare padrone della tua vita, gestendo le tue emozioni e inserendo buone e sane

abitudini con costanza e determinazione. Non ci sono altre ricette. Diventa necessario lavorarci sempre in un processo quotidiano, alla ricerca di un equilibrio che non finisce mai e poi mai di essere scovato e perseguito.

Lì ti consegnano la "cassetta degli attrezzi" ma poi devi essere tu a usarla con costanza, con impegno e, spesso, anche sacrificio. *Leadership Accademy* ti dona su un piatto d'oro gli attrezzi per scegliere di cambiare il tuo *mindset*, indipendentemente da dove ti trovi ora. Ma deve partire da te, dipende tutto da te.

Ho visto persone di ogni età, dai più giovani ai meno giovani. Questo mi ha fatto proprio capire quanto sia importante non smettere mai di migliorarsi. Non è mai troppo tardi, davvero! Mia madre addirittura ogni tanto lo ripete, perché è giusto fare un *check* su dove si è e come si può evolvere ancora. La scoperta di sé è il dono più grande che possiamo fare a noi stessi, sempre, a prescindere dalla età anagrafica. Ed è qui che risiede la differenza tra le persone di successo e quelle che passano la vita a lamentarsi, a dare la responsabilità a eventi e/o circostanze, senza mai assumere la guida della propria vita. Da lì è stato tutto un piacevole divenire, nelle più disparate aree della mia vita.

Per primissima cosa, l'aspetto fisico e l'inizio della cura di me stesso: il mio "tempio sacro".

Dopo due mesi dall'evento ho rifatto le analisi di routine dei trigliceridi. "Casualmente" sono risultati molto più bassi rispetto al passato: prima il valore era 550/600, dopo sono scesi a 440. In pratica, son calati del 20%. Mai successo di avere un calo così drastico in così poco tempo. Considerando che più sono alti più la mia salute è a rischio, per me è stata una notizia quasi scioccante, anche perché non è che avessi fatto niente di così diverso, non ancora.

Possibile che lavorare su di sé porti anche benefici sul corpo e sulla propria salute? Sì, perché è tutto strettamente correlato: corpo = mente, mente = corpo. E questo lo dimostrano anche studi scientifici, non lo affermo solo io. Questo libro non vuole essere un trattato di medicina ma dopo averlo vissuto sulla mia stessa pelle posso affermare che è così. Non è un caso! Come ti ho raccontato nel capitolo precedente, dopo i 4 giorni ho preso la seria decisione di volere una trasformazione per il mio corpo, questa volta concreta ed effettiva.

Ora il mio corpo lo considero come un "tempio sacro" ed è stata una trasmutazione quasi surreale; l'ho già esplicitato ma fammelo ripetere: son passato dal 27% di massa grassa all'8,75%. E questo non è solo un numero sterile: racchiude dentro un concetto molto più ampio e profondo.

"Tempio sacro" non considerandolo come la sola bellezza estetica ma dal punto di vista del benessere. Va da sé che poi questo incide anche sui chilogrammi, sulle misure e sull'aspetto esteriore. Ma il focus non era e non è sulla mia salute ma sull'equilibrio ed appagamento psico-emozionale. Non il contrario.

Il lavoro: non sempre fila tutto liscio come l'olio.

Dal punto di vista lavorativo, quando ho partecipato a *Leadership Accademy*, non è che avessi grosse problematiche. Anzi, stava andando tutto a gonfie e vele: era il periodo in cui avevo lasciato l'università per dedicarmi completamente alle operazioni immobiliari, le quali mi stavano dando moltissime soddisfazioni, sia personali che economiche.

Come ho già esposto, *Leadership Accademy* è un tipo di percorso molto versatile: lo si può affrontare per qualunque "carenza" si sta affrontando. Io ho scelto di parteciparvi per lavorare e migliorare il mio atteggiamento, il che, poi, mi è servito per affrontare nel migliore dei modi un'onda che non potevo nemmeno lontanamente immaginare arrivasse…

Correva l'anno 2016. Dopo aver "studiato" e analizzato tutti i dati per un'operazione di una nuova costruzione di 24 appartamenti, siamo partiti con la squadra, i tecnici e responsabili in quella che "sulla carta" era l'operazione del secolo. Tutto è iniziato nel migliore dei modi. I lavori sono proseguiti in maniera eccelsa, la gestione ottimale e la previsione di utili molto fiorente, fino a che un vicino, molto probabilmente frustrato e invidioso, ha esposto al Comune di Roma una denuncia.

Senza soffermarmi troppo sulle lacune delle leggi in Italia, le quali sono interpretative, la morale è stata: nel dubbio, il Comune ha messo i sigilli sul cantiere, ordinando la sospensione immediata dei lavori a scopo preventivo. Ero nella fase finale della consegna, mancavano giusto le tinteggiature.

Proprio adesso?

Ricordo ancora la telefonata da parte dei dipendenti: "Corri, corri qui ci sono i vigili e la polizia e non ci fa entrare in cantiere per lavorare!"

Mi son precipitato sul luogo ed effettivamente avevano il mandato per la chiusura istantanea dei lavori, senza troppe spiegazioni. Così, ho chiamato il mio avvocato: "Dimmi per favore che hai tempo, perché mi hanno bloccato il cantiere, dobbiamo capire immediatamente come risolvere la situazione."

"Dammi un'oretta. Ti aspetto!"

Mentre mi dirigevo allo studio ho avuto un attacco di panico, in macchina. Ero solo. Completamente solo. Mia madre, l'unica persona al mondo che mi avrebbe potuto capire e sostenere, non rispondeva perché era ad una riunione. L'unica cosa che ho potuto fare è stata di cercar di *ritornare in stato*. Come?

Respirando profondamente.

Ho accostato la vettura, sono sceso ed ho iniziato a fare profondi respiri, portando l'aria nel diaframma, proprio come ci hanno insegnato al corso. La respirazione è importantissima, proprio per permettere all'ossigeno di arrivare fino al cervello e a tutti gli organi del nostro corpo. Di solito, usiamo solo quella superficiale e veloce. In casi come questi, fermarsi e rendersi consapevoli a respiri profondi aiuta moltissimo. Ti invito a prenderti 5 minuti per farla più volte al giorno, magari una al mattino e l'altra al pomeriggio o anche prima di riunioni, incontri o telefonate importanti.

Detto questo, è stata una manna dal cielo, prendermi degli attimi: dopo una decina di minuti, ho ripreso la mia corsa dall'avvocato. L'attacco di panico era passato, per fortuna.
Purtroppo, non mi ha dato buone notizie: non c'era molto da fare se non iniziare velocemente una battaglia legale, per far sì che si

sbloccasse tutto il prima possibile. Il problema di fondo era che sulle mie spalle c'erano 24 famiglie che da lì a due mesi sarebbero dovute entrare nel proprio appartamento. Questo era ciò che più mi affliggeva. Come ho gestito la cosa?

In linea teorica con le giuste domande imparate in precedenza.
"C'è un problema?" "Sì!"
"Come posso fare per risolverlo? Come posso direzionare il focus dal problema alla soluzione? Cosa o chi mi serve? Che piano d'azione posso attuare?"

Non mi restava altro che scomporre il problema grande in micro-problemi da affrontare sotto ogni singolo aspetto, uno per volta.

"Come si mangia un elefante? Si mangia un pezzo alla volta!"
Proverbio Africano.

Ho fatto una riunione in modo diretto con tutti i miei responsabili e i tecnici del mio team; con il mio agente immobiliare di fiducia, Luciano, che fin da subito si è messo in gioco per supportarmi con tutto se stesso, e con le famiglie, in assoluta trasparenza, proprio per far capire a tutti che stavo affrontando la questione alla luce del sole: era mio dovere prendermi tutta la piena responsabilità di avvertirli, cercando di rassicurarli e trovando la migliore soluzione per tutti. Non è stato facile ma loro hanno capito la mia piena disponibilità. Era un vero e proprio dramma ma ciò che mi faceva sperare è che tutto era stato fatto nell'assoluta regola.

Alcune famiglie, quelle che avevano già dato disdetta al proprio appartamento, sono state trasferite in un residence momentaneo, a mie spese. Altre, che non avevano nessuna sorta di urgenza, hanno capito e non hanno battuto ciglio. Altri, che lo avevano acquistato come investimento da mettere a reddito, si sono un po' incazzati.

Altri hanno apprezzato la trasparenza, c'è chi si è offerto persino di darci una mano e chi, al contrario, ha approfittato della situazione. Di persone ce ne sono davvero tante, ognuna con la propria mappa. A tutti, e sottolineo a tutti, ho fatto una scontistica, indipendentemente dal disagio vissuto, assumendomi in toto, anche dal punto di vista economico, la responsabilità, anche se la colpa non era mia. Ma in qualità di titolare è stata la decisione che ha perseguito il mio valore appunto di "presa in carico" di tutte quelle famiglie.

Com'è finita? Abbiamo fatto ricorso al Tar e lo abbiamo vinto ma solo dopo un anno. Ci hanno liquidati con un semplice: "Scusate, ci siamo sbagliati e riconosciamo a voi la ragione. Il provvedimento di blocco al cantiere è stato un errore."

Avremmo potuto fargli causa, noi a loro, ma talvolta lasciare andare le cose, farsele scivolare addosso è la strada maestra per far fiorire e concentrarsi su altre buone nuove cose. Per me, il fattore importante era solo aver sistemato tutte quelle persone che avevo in carico.

E dal punto di vista economico? Tirando le somme, si è conclusa, nonostante tutti gli esborsi imprevisti, tra legali e indennizzi alle famiglie con utile. Di certo non un profitto ingente quanto avevamo previsto: è stata comunque una buona operazione, non ottima come le previsioni ma non tutte le ciambelle escono con il buco.

A monte, tutte le nostre operazioni sono tarate in maniera, permettimi il termine e senza voler sembrare esuberante, perfetta, anche in previsione dell'evento negativo. Raro ma che può succedere e, se non hai le spalle larghe, è davvero un attimo fallire completamente. Altrimenti non le iniziamo nemmeno: questa è la nostra forza.

Anche in questo caso la partita è stata vinta grazie ad un giusto atteggiamento. Avevo due strade: disperarmi e mollare o combattere, nonostante lo sconforto e la paura? La soluzione c'è sempre, sta tutto nel trovarla e affrontare l'interferenza. Cosa ho scelto, ancora una volta? La risposta va da sé, imparando altre lezioni di vita e rafforzando ulteriormente il mio carattere.

Dal punto di vista dell'atteggiamento: io, Cristian, parlare dinnanzi a oltre 3.000 persone?

La mia prima esperienza con il "parlare in pubblico" è stata antecedente a *Leadership Accademy*; risale a circa 10 anni fa. Ero ad una serata di presentazione dei suoi corsi, organizzata da Alfio Bardolla stesso.

Alfio Bardolla, un altro mentore che mi ha cambiato, decisamente in meglio, la vita. Di mio, ero solito partecipare a weekend di formazione, a giornate o serate di workshop, perché mia mamma in quegli anni aveva deciso, come ti ho raccontato, di abbandonare la vita da dipendente e iniziare con le proprie operazioni immobiliari dopo aver frequentato il corso, appunto, di Alfio che in quei tempi si chiamava *Wellness Finanziario* (oggi *WakeUpCall*) in cui insegna tutta una serie di strategie per creare la propria libertà finanziaria con la diversificazione delle entrate, partendo dalla mentalità per poi arrivare a strumenti pratici, come appunto l'immobiliare.

Da lì a poco, Vesna è diventata trainer per lo stesso Alfio, insegando ad altri corsisti, come lo era stata lei in precedenza. Quindi diciamo che Alfio l'ho incontrato più volte in queste occasioni ed ho avuto l'onore di poterci scambiare ogni tanto qualche parola, tra una pausa e l'altra o nelle cene post-corsi. Sono sempre stato molto curioso e per me è diventato un punto di riferimento, e per quanto potessi "usare" quel poco tempo a disposizione con lui, lo utilizzavo al massimo.

Ritornando a quella sera: c'erano circa 70 persone, tutte sconosciute. Non sapevo per quale strano motivo (scoprii in seguito che era per farmi fare esperienza) Alfio mi ha chiamato, senza alcun preavviso, a tradimento, dicendo: "Dai Cristian, raccontaci velocemente come stai vivendo tu di riflesso la nuova attività di Vesna, tua mamma. Hai due minuti."

Ero completamente impreparato. La paura si è impadronita di me. Ero nervoso e imbarazzato: stavo letteralmente morendo dentro. C'era nebbia dentro me. Non sapevo minimamente cosa raccontare. In più, all'epoca, dal punto di vista fisico non mi amavo per nulla, quindi ero in totale disagio e titubanza. Tutto questo mix era una bomba pronta ad esplodere ma ormai ero lì, dinnanzi a tutte quelle persone, con i loro occhi addosso, non avrei potuto fare nient'altro che alzarmi in piedi e… affrontare quella sfida.

Dopo qualche secondo di scena muta, sudore e tremolio diffuso, sono riuscito a dire la prima parola. Sono stati i secondi più lunghi della mia vita ma sono stati così forti da riuscire, poi, a raccontare la mia esperienza. È andata a finire che, addirittura, dopo il primo ghiaccio rotto, non volevo più fermarmi. Cosa ho fatto? Ho visualizzato cosa volessi dire, facendo finta di essere con Alfio al bar, come amici, raccontando ciò che avrei voluto dire, improvvisando.

Tutti quegli sguardi nella mia testa non c'erano più. Tanto era il fiume in piena che, ad un certo punto, mi ha dovuto interrompere, altrimenti sarei rimasto lì a parlare per ore. Questo il mio primo approccio al palco.

Mia mamma, in seguito, è diventata la responsabile area immobili della *Alfio Bardolla Training Group*. Avevano bisogno di altri coach e collaboratori come lei, perché le persone che si affacciavano a questa materia erano sempre più numerose.

Elena, l'assistente personale di allora di Alfio, oggi socia e amica di mia madre, oltre che mia socia (hanno fin da subito creato un legame molto forte ed intenso), le ha suggerito il mio nome visto che anch'io, personalmente, avevo già vissuto molteplici esperienze e realizzato operazioni importanti, oltre ad aver avuto un'importante caduta con l'operazione di prima.

Vesna ha accettato, con la sola condizione che mi fossi arrangiato da solo e senza alcun genere di favoritismo, come al solito. Per quanto mi riguarda c'era un solo e imponente ostacolo che mi lasciava molto perplesso: accettare significava parlare con altre persone e, talvolta, su molteplici palchi; significava essere al centro dell'attenzione. Il mio lavoro lo conoscevo molto bene e posso dire che mi sentivo e mi sento forte ma fare il formatore era tutta un'altra faccenda.

Alla fine, ho accettato la sfida. Per onestà intellettuale devo dire che, quasi sicuramente, il motivo è stato aver avuto le spalle forgiate dal corso di Roberto. Sinceramente non so se me lo avessero proposto prima, se avrei accettato. Son partito dal livello più basso, dalla classica gavetta. Mi hanno dato degli obiettivi da raggiungere, ossia portare "X" persone a chiudere determinate operazioni, fine. Nessun aiuto, nessuna "beneficenza" da parte di mia madre, nessun favoritismo da chiunque.

Da lì impegno a mille, le chiusure sono arrivate come in un flusso naturale e in pratica, fin da subito, mi hanno promosso al gradino superiore, rimanendo comunque sotto rispetto a quello di mia madre.

È arrivato poi il momento del mio primo *public speaking*. Al corso più avanzato rispetto al *WakeUpCall*, quello specifico in investimenti in immobili, sono stato presentato come nuovo Coach Junior. Per onorare e celebrare questa carica, mi hanno fatto salire per la prima volta su un palco, in modo ufficiale, dinnanzi a 200 persone.

Son salito sul palco e… sorpresa, sorpresa, il mio microfono ad archetto ha smesso di funzionare. I primi attimi sono stati di gelo totale. Ma sono tornate alla mente, ancora una volta, utili le domande funzionali.

"Sei qui per cosa?" "Per formare delle persone."
"Su cosa?" "Su un argomento che conosco molto bene, che faccio dalla mattina alla sera."
"Di cosa dovresti avere paura?" "Di niente!"
"Quindi?"

Morale: faccio due ore d'intervento con il "gelato", di fronte a 200 persone, con una conversione altissima. Quando l'intervento è finito mi si sono avvicinate moltissime persone facendomi anche i complimenti. Addirittura, una di queste mi ha chiesto da quanto tempo facessi speech e che percorso avessi seguito. Persino lo stesso Alfio si è complimentato in modo entusiasta con me. Non era di certo una cosa scontata ma è arrivata.

Mi sentivo, effettivamente, in un habitat naturale, nonostante la pressione fosse tanta, soprattutto per via di mia madre che era un'istituzione in quel momento all'interno dell'azienda. Tutti sapevano che non mi ha mai dato spinte, quindi non avrei dovuto deluderla ed essere all'altezza delle aspettative.

Da lì, di speech ce ne sono stati tanti altri. Le 3.000 persone sono arrivate nel 2019, all'ultimo *WakeUpCall*. L'emozione era fortissima ma anche in quell'occasione ho dato il meglio di me.

Un altro episodio che voglio raccontare, sempre in merito agli speech è questo: nel periodo in cui ero coach, alla fine dell'intervento mi si avvicina un uomo sulla cinquantina e senza nemmeno darmi il tempo di accorgermi di lui, mi urla contro: "Hai ragione su tutto quello che hai raccontato, cose interessanti, le informazioni sono giuste ma da uno di 26 anni non mi faccio dire come si campa al mondo."

L'ho guardato stupito. Il mio istinto mi avrebbe spinto a rispondergli e in malo modo ma poi ho lasciato perdere. Alla fin fine è stata una sua scelta quella di aver dei pregiudizi. A mio avviso l'età anagrafica di una persona non fa la sua esperienza ed essere prevenuti nei confronti di un dato, di un numero sulla carta d'identità, non fa altro che alzare barriere improduttive.

Io stesso, ad esempio, rispetto ai ventenni della Silicon Valley, potrei essere già "vecchio": chi determina chi ci possa dare insegnamenti o meno? Il solo nostro libero arbitrio. Quest'esperienza mi ha fatto poi ben sperare. Infatti, rispetto ad una sola persona, ho avuto poi moltissimi studenti anche over sessanta, pronti a mettersi in gioco, avendo poi ottenuto successi strepitosi.

Mia madre ha smesso di lavorare per la ABTG ed io ho preso il suo posto a livello aziendale: ci tengo a sottolineare non per "spinte" ma grazie ai risultati che ho realizzato. Un merito ottenuto a seguito del numero di operazioni fatte fare agli studenti durante la mia esperienza: il più alto di sempre, anche rispetto a Vesna.

Per un anno e mezzo ho ricoperto quel ruolo ma poi ho smesso anche io, perché la mia "forma mentis" prevede la libertà di scegliere e godere del mio tempo e del mio calendario. Alla base, per essere "over performante" e mantenere un livello estremamente elevato avrei dovuto togliere e fare delle scelte.

Non ero disposto a sacrificare nulla delle mie adorate attività che in quel momento, e ad oggi, ho ancora e di cui ti parlerò in seguito, nel prossimo capitolo.

Il rischio era di fare male sia il coaching che la gestione delle mie aziende. Ho scelto, ancora una volta, nonostante le entrate di quest'attività fossero davvero altissime: parliamo di 20mila euro al mese. Lo scrivo per contestualizzare la questione, non di certo per mettermi sul piedistallo. Anzi, quella strada poi l'ho lasciata, facendo un passo indietro e concludendo il mio percorso formativo per potermi dedicare al 100% alla mia vita.

Ho indetto una riunione perché non avrei voluto lasciare l'azienda in "braghe di tela", andando via all'improvviso. Ho dato la mia totale disponibilità ad accompagnare la nuova persona che mi ha sostituito, per non creare danni e scompigli. Ero così grato all'azienda per quanto mi ha dato che questo mi è sembrata la cosa giusta da fare.

È stata un'esperienza che mi ha fatto crescere tantissimo, per cui sono estremamente grato, con uno scambio energetico imparagonabile. Ho visto persone che son passate dal totale fallimento, non sapendo cosa fare della propria vita, ad avere una vita agiata e super degna. E sapere che in parte sono stato anche io l'artefice, mi riempiva il cuore di gioia per loro ma non avevo più l'entusiasmo iniziale. Sarebbe stato un bene per tutti se avessi preso la mia strada.

Ma il "sano egoismo", di cui ti parlerò a brevissimo, ha prevalso: ho tagliato dei rami per far fiorire nuovi rami. E in più, quando divento competente in una cosa, cerco nuove sfide e nuovi orizzonti perché ho sempre fame di nuovi stimoli, anche in molteplici attività, come oggi.

Ora, se mi concedi l'onore, ci tengo a condividere con te qualche strumento pratico imparato proprio al corso. Ne ho appresi moltissimi e per una questione di spazio e tempo non posso trascriverli qui tutti. Ma alcuni, quelli che ancora uso, te li voglio insegnare particolarmente. Si possono usare in ogni ambito e puoi modularli su te stesso. Usali, "usa me" e questo mio libro, come uno strumento, come stimolo e come modello per creare poi le tue migliori strategie cucite su di te.

Scrivere.

Già, il meraviglioso mondo della scrittura. Durante i 4 giorni, ci hanno insegnato a prendere la scrittura come buona consuetudine. E farlo per ricordare sia cose positive che negative.

In positivo può essere un obiettivo, una bella emozione, uno stato o un ricordo da portare con sé. Questo serve a "fissare" nero su bianco tutti quei momenti che spesso ci "dimentichiamo" di celebrare, perché siamo focalizzati a rincorrere la routine anziché renderci conto anche degli avvenimenti piacevoli che ci accadono e/o che raggiungiamo.

In negativo, al contrario, potrebbe anche essere lo scrivere di un problema che ti sta affliggendo. Anzi, ti invito a riflettere se in questo momento tu ne abbia, in qualsiasi area della tua vita, piccolo o grande che sia. Ora, scrivilo su un pezzo di carta, perché tenerlo lì in testa, rischi di non riuscire a identificarlo, né tanto meno a contornarlo e dargli una dimensione. Per di più, scrivendolo puoi trovare delle soluzioni e strategie, togliendogli persino il potere che aumenterebbe lasciandolo nella sola testa, in modo astratto. Un esempio pratico su di me. Fino a prima di *Leadership* mi ripetevo spesso: "Sono grasso, sono un ciccione".

Armato di carta e penna ho trascritto tutto quello che era il disagio connesso allo stato da "ciccione", i chilogrammi, cosa mangiavo, che allenamento facessi o meno, etc.

Dopo sono sorte anche domande funzionali, di cui ti parlo tra qualche riga. "Sono grasso in funzione a cosa? Quanti kg voglio perdere? Cosa devo fare per dimagrire? Come posso fare per uscire da questo stato?"

Da qui, dopo pagine, pagine e pagine, ho attuato un piano d'azione, immaginando me stesso e scrivendo anche come mi sarei sentito una volta raggiunto il mio peso forma ideale, che cosa avrei fatto nella mia vita, che nuove esperienze e abitudini avrei appreso; cosa avrei smesso di fare, quali emozioni disfunzionali avrei lasciato andare e come sarei migliorato.

Senza scriverlo non avrei identificato l'effettiva strategia da attuare né tanto meno avrei potuto tener traccia dei miglioramenti, che mano a mano ho realizzato, nonostante le varie interferenze. Questo metodo è così semplice che non avevo mai riflettuto sulla sua importanza, né tanto meno mai attuato.

Oggi qualsiasi obiettivo, problematica, miglioria la scrivo e mi ha fatto anche sorridere, quando per caso ho rivisto vecchi quaderni in cui avevo annotato, in pratica, tutto ciò che ho adesso.

Provare per credere!

Il potere delle domande.

Non ci sono domande giuste né domande sbagliate. Ma domande potenzianti o depotenzianti. Questa distinzione a me ha cambiato davvero la vita.

Una delle frasi che porto con me, e che è stata appesa nel mio primo ufficio di Roma, era di Nietzsche:

"Chi ha un perché abbastanza forte, può superare qualsiasi come."

E questa può essere intesa come motivazione, come spinta, come obiettivo e, soprattutto, come una buona domanda.

Domande di qualità che ti spingono oltre il problema, che ti focalizzano sulle soluzioni. I problemi per me sono stimoli per crescere e ampliare la mente. La propositività è il mio must costante, rendendo tutto (o quasi) potenziante attraverso anche un buon:

Uso delle parole.

Fai attenzione a come parli, a come ti parli e al linguaggio che utilizzi abitualmente, in particolar modo con la tua persona. Un modo davvero inadeguato per impiegare le parole che riguardano se stessi è quando si confonde il comportamento con l'identità. E questo succede molto spesso.

"Sono un ciccione", è ciò che mi ripetevo spesso. Secondo te cosa facevo per "onorare" questa frase che m'identificava come una persona in sovrappeso? Mangiavo male, ero impigrito costantemente, non mi idratavo e adottavo atteggiamenti decisamente malsani.

"Mi comporto, mi sento, mi vedo da ciccione, quindi posso migliorare in ciò che faccio!" Cambia tutto il significato: "Certo adesso non mi sto comportando da persona sana e in forma ma ho la possibilità di integrare nuove strategie per comportarmi, appunto, diversamente."

Attraverso questa distinzione ti dai il margine di miglioramento e non vai ad attaccare il tuo essere perché, a furia di ripeterti una frase malsana, inevitabilmente diventi ciò che ti auto-infliggi. Rischi di far impigrire il cervello, proprio perché adotterà tutto il necessario affinché tu diventi quanto proclami, sbarrando al miglioramento e dichiarando in anteprima il fallimento.

Non credi? Da adesso, focalizzati sulle parole che usi.

Se al contrario, utilizzi la frase "io sono XXX" per qualcosa di vantaggioso, utile e costruttivo per la tua persona, continua a farlo, perché è un'ottima promessa che tu fai a te stesso e dai messaggi al tuo inconscio di essere e proseguire su quella strada per auto-affermarsi come ci si promette di essere.

Chi è la persona più importante della tua vita?
Prendi carta e penna; scrivi il nome della persona più importante della tua vita. Adesso. Immagina: se la persona più importante della tua vita fosse in difficoltà o in pericolo che cosa faresti? Interverresti subito, immagino.

Bene, tutto molto bello ma se a questa domanda la prima persona alla quale hai pensato e scritto sul foglio non sei tu stesso, mi spiace dirti che hai un problema di priorità. Il luogo comune prevede che pensare per primi a sé sia da egoisti. Invece è proprio il contrario: se tu non ami te stesso, non metti per primo te nella lista, sarà difficile prenderti cura degli altri. Un sano egoismo, e non egocentrismo, è altamente salutare.

Per essere un bravo altruista, devi imparare ad essere un bravo egoista.

Capitolo 7:
La raccolta, il 2020, l'anno migliore di sempre

Fin da piccolo mi è sempre piaciuta l'idea di avere più attività e non essere identificato in un solo settore. Una principale sì ma la mia identità deve essere riconosciuta a tutto tondo, come un imprenditore dalle molteplici sfaccettature. Questo è il mindset creato anche grazie al mio mentore per eccellenza in questione di libertà finanziaria, Alfio Bardolla, proprio di diversificazione e non essere dipendente da un'unica entrata. Tant'è che ad oggi sono titolare di aziende in più settori: immobiliare, tecnologico, ristorazione, etc.

La più iconica è ARES. Nata dopo aver superato la tempesta dei sigilli in cantiere, mi ha donato una *vision*: ho iniziato a vedere in maniera specifica i miei obiettivi, tra cui creare una mia nuova realtà. Era Natale 2017, dopo cena, mi son messo su una sedia a dondolo. Mentre questa andava su e giù, oscillando, ero completamente rilassato, felice e mi è venuta un'idea. Ho iniziato a dondolare in modo più infervorato, tant'è che mia madre pensava che quasi mi ribaltassi.

"La chiamerò Ares. Ares è il Dio della guerra ma la mia azienda non sarà da combattente puro, in attacco. Sarà una realtà che si preparerà, sempre in crescita e pronta in caso di assalto o combattimento. Risponderà al motto: "Si vis pacem, para bellum" (se vuoi la pace, prepara la guerra).

Dopo anni di pratica, ho imparato a visualizzare i miei obiettivi e a renderli "reali" già nella mia testa, con tanto di particolari ed emozioni a questi connesse. Ho incalzato poi il discorso.

"La costituiremo a settembre 2018. Il primo anno fatturerà 300mila euro, nel secondo arriverà al milione di euro, e nel terzo anno arriverà a 5 milioni di euro."

È indubbio che non fossero numeri "sparati" a caso, ma il risultato di anni ed esperienze nel settore e aver già raggiunto altri esiti favorevoli. Non così alti, ma simili. Mi sarebbe "bastato" assettare in modo diverso qualche parametro, una ristrutturazione di obiettivi. Ma in quel momento, a livello viscerale, per me era già una realtà che poi si sarebbe effettivamente concretizzata nel futuro. Difatti, nel 2018, Ares ha preso vita. Nel 2019 ha fatturato 360mila euro, nel 2020 è arrivata a 1,2 milioni, superando in entrambi gli anni del 20% le aspettative e le prospettive di chiusura del 2021 sono di 8 milioni, altro che 5!

Come ho fatto? Con la bacchetta magica o con il pensiero positivo o sognando ad occhi aperti su una sedia a dondolo? Certo che no. Con pianificazione, tenacia, strutturazione di un piano d'azione spacchettato in più piani. Attenersi a questo, superando anche le fisiologiche avversità che s'incontrano sul proprio cammino. Proprio come… in guerra!

Sono convinto che la visualizzazione sia alla base del successo dei propri obiettivi: è la prima azione per trasformare i sogni in realtà, determinando date, azioni specifiche e percorsi consoni. Visualizzare e costruire, su un modello che chiaramente già in parte si conosce o che rispecchia il proprio dono, talento o punto di forza che si ama particolarmente: ecco la mia personale ricetta, che con me, ha funzionato.

Oggi ARES è la casa madre sotto la quale vi sono canalizzate diverse aziende immobiliari: è il mio core business nel Real Estate.

Un'altra azienda a cui faccio capo lavora nell'ambito della tecnologia. Mi affascina perché è in costante cambiamento e corsa, in un'evoluzione continuativa. Si occupa di compravendita all'ingrosso di apparecchiature Personal Computer e consumabili, la parte hardware. Nata grazie ad un altro mentore altamente specializzato in quest'ambiente e business, Antonio, nel 2015, fattura ad oggi 15 milioni di euro l'anno. Nonostante i volumi siano molto ampi e il cashflow è in perenne movimento, il mercato è competitivo, la marginalità è bassa ma come diversificazione mi consente un'altra entrata.

Nell'ambito della ristorazione ci sono arrivato grazie a Stefano, un grande imprenditore di 50 anni che spazia, da sempre, in più settori e per il quale nutro la mia più profonda ammirazione. Siamo entrati in sintonia, avendo la stessa mentalità di diversificazione finanziaria. Ci siamo conosciuti grazie alla nostra passione, condivisa, per le macchine sportive. Quando l'ho conosciuto avevo un'Audi S3 color arancione. La mia estrosità lo ha colpito. Da lì è nata anche un'amicizia straordinaria, intensa e profonda, basata su condivisione, rispetto reciproco e voglia di alzare costantemente i nostri rispettivi standard. La sua particolarità è che non ha mai fatto entrare nessuno nel proprio entourage: nonostante la mia giovane età, mi ha chiesto di diventare socio proprio in una delle sue società di ristorazione, definendomi come "un imprenditore straordinario".

Per uno che come, che per 26 anni della propria vita ha avuto l'autostima sotto i piedi, questo aspetto è stato un riconoscimento non da poco, dal valore inestimabile (e non parlo di certo del punto di vista economico).

Fin dagli inizi si è approcciato a me, nonostante tutte le mie barriere difensive alte, "alla pari", senza mai volermi prevaricare o guardarmi "dall'alto verso il basso". Mi ha da sempre trattato come un uomo al suo stesso livello, anche se ho oltre vent'anni di meno. Mi ha portato, così come io a lui, sempre enorme rispetto e considerazione, creando una relazione tra simili, senza alcuna differenza.

*Il **2020**, l'anno peggiore per la maggior parte delle persone, nel mondo, per me, il mio migliore di sempre, tant'è che l'ho anche tatuato. Come mai? Te lo racconto.*

Il 2020 lo ricorderemo tutti per l'anno della Pandemia; per l'anno delle chiusure; per l'anno del cambio totale delle carte in tavola. L'anno della crisi; l'anno delle mascherine; l'anno dei divieti; l'anno, ahimè, del bollettino dei morti; l'anno che ci ha spiazzati.

In un modo o nell'altro siamo stati tutti messi alla prova. C'è chi ha reagito in un modo e chi in un altro anche, talvolta, completamente opposto. Devo ammettere che anche per me, la prima settimana, quella del Lockdown completo "in rosso", mi ha scompigliato. La mia energia ha accusato un bel colpo. Son sincero.

Non che avessi paura del futuro né che fossi terrorizzato da ciò che sarebbe successo ma sono diventato cupo, triste nel sentirmi limitato. Una sorta di sbandamento. Così, dopo qualche giorno, ho pensato:

"Sì, il mondo si è fermato, ma non io!" ed ho reagito, con le solite domande di qualità.

Dal punto di vista fisico: "Non posso andare in palestra, come posso rimanere comunque in forma?" ho comprato i bilancieri e i pesi online ed ho fatto le lezioni con il personal trainer, tramite Zoom. Risolto.

L'alimentazione l'ho curata comunque. Difatti, nonostante la messa alla prova, sarebbe stato facile ingozzarmi di schifezze ma ho resistito, ho fatto le diverse spese in modo intelligente, così da non aver cibo spazzatura in casa e cadere in tentazione.

Ho deciso di traslocare. Avevo bisogno di un nuovo ambiente, di nuova aria fresca, di un forte cambiamento e di nuovi stimoli. Amo particolarmente i traslochi. Perché non farlo proprio adesso per darmi nuova linfa vitale? Così è stato fatto.

Ho cambiato la macchina. Ho preso un'Audi RS5 R ABT, di cui hanno prodotto soltanto 50 esemplari. La mia è la Numero 1 di 50. L'ho voluta ritirare proprio in quel periodo. Anche la concessionaria era stupita del fatto che pagassi l'assicurazione per tenerla fondamentalmente in garage. Ma io la volevo. Rappresentava il coronamento della mia voglia di fare, del perseguire i miei obiettivi e le mie promesse a prescindere da tutto, del continuare a crescere e alzare l'asticella e dei tanti sacrifici fatti. Non sarebbe stato di certo il lockdown a fermarmi.

Non ho permesso alla Pandemia di rovinarmi quel momento, di bloccarmi o farmi dire come avrei dovuto vivere e sentirmi, né di togliermi la possibilità di essere orgoglioso di me. Rappresentava la mia libertà interiore, nonostante tutto il mondo esteriore me ne privasse.

Dal punto di vista lavorativo, abbiamo deciso di analizzare tutte le attività, passarle al setaccio e valutare tutto a 360 gradi. Una sorta di bilancio intenso e profondo, che solo i momenti di "stop" ti permettono di fare. Ancora una volta la scelta: ci piangiamo addosso o cerchiamo, proprio perché il mondo è fermo, di ottimizzare?

In quel periodo avevamo anche un ramo d'azienda in "Rent to Rent", ossia locazione e sublocazione di camere. Già prima del lockdown non è che ne fossi entusiasta, non per una questione economica ma perché mi drenava troppa energia rispetto ai risultati. La decisione è stata di chiuderlo. Abbiamo venduto sia l'attività che i contratti e gli immobili a società proiettate solo in questo tipo business.

Ci siamo focalizzati ancora di più sul *flipping* e, tirando le somme del 2020, abbiamo aumentato persino i rogiti fatti. È stata tutta questione di atteggiamento: abbiamo acquisito operazioni su operazioni a cifre molto vantaggiose, rivendute poi al prezzo da noi voluto.

"In tempi di crisi c'è chi piange e chi vende fazzoletti."

Noi, a livello aziendale la nostra scelta l'abbiamo fatta. Operativamente potevamo fare ben poco: abbiamo quindi deciso, appunto, di affondare il colpo nella strategia, ossia *brainstorming*: come ottimizzare le risorse e trovare nuove collaborazioni. Certo è che il sistema è cambiato ma ricordo di aver fatto tante di quelle chiamate su Zoom, come mai prima in vita mia.

Il 2020 è stato un vero acceleratore e soddisfacente per molti aspetti ma ciò di cui sarò per sempre grato è stato…

aver sconfitto il demone!

Era agosto. Esattamente il 15. E come tutti gli anni ero in ferie, con la "mia" *Ohana*. Con mio padre eravamo soliti sentirci per quel giorno. Questo discorso lo abbiamo lasciato in disparte… gli ultimi aggiornamenti sono arrivati a questo punto: io e lui ci sentivamo, con una chiamata convenevole, giusto 5 volte l'anno, tra cui Ferragosto.

Faccio una premessa: in passato molte persone attorno a me, mi hanno sempre dato la propria idea di come avrebbero "sistemato" questa spina nel fianco. Grazie a mia madre che mi vedeva ancora "sofferente" e mi diceva spesso: "È una questione che devi risolvere tu, solo tu sai come, i tempi e le modalità, a modo tuo. Nessun altro. Devi ascoltare una sola persona, solo Cristian, e i tuoi bisogni. Hai bisogno di me? Se vuoi io ci sono ma segui ciò che senti. È ancora presto e non ti senti pronto? Prenditi del tempo. Hai necessità di parlargli ancora? Chiamalo. Non c'è una strada giusta o sbagliata: esiste solo ciò che ti fa stare bene. Nient'altro. L'unica cosa che ti consiglio è: fai pace con questo demone ma per te, perché non sei sereno e ti sta portando via dell'energia… ma scegli la tua strada, senza forzarla."

Torniamo a cosa è successo il 15. Era poco prima dell'ora dell'aperitivo. C'era fresco e poche persone in spiaggia. Io e mia madre a fianco sui due lettini. "Lui" l'ho sentito al mattino. Quindi me n'ero anche dimenticato. Ma il mio cuore no.

"Mamma!"
"Dimmi…"
"Ho avuto un'illuminazione."

"Ho capito una cosa: io per quell'uomo non sono famiglia. Non faccio parte della sua *Ohana*. Semplicemente. Per cosa allora dovrei stare male? Lui non mi ha scelto. Non lo ha mai fatto."

Ed ho incalzato il discorso.

"Lui mi chiama solo perché si sente in dovere dato che sono il "figlio biologico" e pulirsi la coscienza, per nient'altro, perché *deve*. Io non ho niente di lui e lui niente di me. Né nella mia essenza né nella mia anima. Giusto qualche tratto fisico. E sai cosa ti dico? Non abbiamo nemmeno bisogno di "perdonarci". Lui oggettivamente non ha nemmeno delle colpe. Certo di non essere stato un padre, di non essersi assunto le responsabilità, ce le ha eccome. Ma se oggi lui *non* mi sceglie, perché dovrei odiarlo o stare male io per una *sua* di scelta? E al contrario: nemmeno io sceglierei mai di averlo accanto, proprio come persona. Lui ha la sua *Ohana*, lui ha fatto le sue di scelte."

E nella semplicità di questo discorso il *demone è stato sconfitto*. Perché questa consapevolezza è entrata dentro di me, in ogni mia cellula.

Il demone è stato così scacciato: con la consapevolezza di non essere, in pratica *niente* per lui. Sì, frase molto dura, difficile da ammettere ma è questa la realtà. E sappiamo che la realtà non è sempre facile. Tagliando quel cordone "malsano" che mi teneva legato a lui, ho permesso a Cristian di rinascere. Prima i miei successi erano tutti rivolti a dimostrargli chi fossi, una sfida verso di lui, di essere degno della sua riconoscenza e del suo amore. Oggi Cristian è al centro del mio mondo. E lui non merita di privarmi di altra energia, per una cosa di cui, parlandoci onestamente, a lui nemmeno importa.

Fino a quel momento non essere né riconosciuto né voluto da lui, non mi permetteva di accettare nemmeno me stesso, di diventare l'uomo che voglio essere né di passare ad uno stato evolutivo in più.

Da quel 15 agosto, lui lo vedo come una persona, tra l'altro estremamente coerente. Una coerenza non condivisibile ma, in un certo senso, persino ammirevole. Io per lui non sono *Ohana*. Non mi ha scelto né come persona, tanto meno come un figlio, nell'accezione pura del termine. Non mi ha mai scelto. Le motivazioni sono le *sue* e, francamente, ho smesso di farmi domande. Non conta più. Non mi tange più. Non mi fa più male.

Il mantello del demone, il potere di farmi del male gli è stato tolto: è questa la mia personale scelta. Non dipendo più dal suo giudizio.

Ho deciso questo. E questo l'ho fatto anche per coerenza verso me stesso: io, uomo che basa tutta la propria vita sulla scelta, potrei mai obbligarlo a dovermi scegliere per forza? Assolutamente no! E di questo non posso incolparlo.

E oggi lo dico con estrema tranquillità e serenità, senza alcun tipo di astio e difatti, questo libro, non sarebbe potuto nascere prima di quel Ferragosto.

Ho lasciato andare, dopo 28 anni.

Ognuno ha fatto e sta facendo le proprie scelte, ed è giusto che sia così, per entrambi.

Conclusione

Dopo aver scacciato il demone, la mia vita ha preso uno slancio più unico che raro, sono letteralmente esploso.

Ho tatuato il 2020 sul mio braccio, perché è stato il *mio* anno.
Ho deciso di scrivere questo libro.
Ho raggiunto e superato il fatturato che avevo visualizzato per la ARES.
Sono arrivato ad un giro d'affari complessivo sulle mie aziende di oltre 20 milioni di euro.

È stato un anno incredibile e spettacolare, anche dal punto di vista relazionale. Ho lasciato andare una storia giunta al capolinea, mi sono circondato di persone fantastiche e che avevo perso di vista, ho creato con estrema coscienza la mia personale *Ohana*.

Ho migliorato ancora di più il mio aspetto fisico. Ho raggiunto un equilibrio mai avuto prima.

Ogni anno può essere davvero il migliore di sempre, se scegli che lo sia.

Ed ora andiamo verso la fine, insieme a te, attraverso le parole di questo libro, che per me non rappresentano semplici pagine ma la mia vita, il percorso della mia vita, che ho voluto condividere con te. Certo, si conclude qui ma in realtà, personalmente, mi sento appena partito e, soprattutto, ancora in viaggio.

Auspico davvero che tramite qualcuna delle mie vicissitudini tu abbia colto l'essenza che quell'esperienza mi ha lasciato e che ho desiderato donare, come lezioni di vita imparata, piccole o grandi che siano ma in ogni caso, impattanti. Ora sta a te decidere!

Qualunque cosa accada, metti sempre in conto che alcuni rimarranno con te per molto tempo e altri per meno, per una propria decisione. Lasciati guidare anche dal tuo vero Io e, se senti che non fanno più per te, o forse non lo hanno nemmeno mai fatto, sii pronto a lasciarli andare, anche se sono parenti. Ricorda il concetto di *Ohana* e famiglia: hai tutto il diritto di scegliere il meglio per la tua vita. La gara più importante è quella con se stessi. Non con gli altri. Tu non devi nulla a nessuno.

Per quanto riguarda cosa voglio dalla vita, e ti invito a fare altrettanto, agisco così: mi fisso degli obiettivi in agenda (visualizzandoli prima, come ti ho già raccontato) avendo sempre l'asticella da alzare. Sempre.

Ad esempio, nell'ultimo anno e mezzo, mi sono promesso di gratificarmi con l'acquisto di tre auto, ma solo a condizione che avessi raggiunto ciò che mi sono precedentemente prefissato. Ce l'ho fatta. La prima, è stata l'Audi RS5, la seconda una Lamborghini Urus. L'ultima che entrerà in famiglia è una Lamborghini Huracán STO, versione limitata.

Se non fossi arrivato a ciò che mi ero dato come traguardo per premiarmi ero pronto a disdire l'appuntamento per tutte e tre: non sarei stato coerente con me se fossi andato lo stesso a comprarla. È una questione di onestà verso se stessi. Ma cosa c'entrano le macchine?

C'entrano perché nello stesso tempo dirigo il mio sguardo anche verso la bellezza delle piccole cose, perché senza la gratitudine verso queste, so benissimo che non potrò mai apprezzare niente di grande: supersportive, villa al mare o chissà che altra diavoleria.

Te l'ho riportato proprio come esempio: fai che diventi uno stile di vita. Ambire ma godersi l'oggi. Il denaro è un mezzo, l'accumulo di questo non porta da nessuna parte; sono, al contrario, le emozioni che dona a spingere di crearne, non di certo per l'acquisto sterile dell'oggetto in sé. È la qualità di vita con cui si vive il materiale e di come voglio contribuire al mondo e aiutare gli altri. Questi sono i miei valori.

È il saper di aver realizzato quel qualcosa che a molti sembra impossibile. Cosa rappresenta il mio sudore, il sacrificio e la tenacia; è il telo che si alza dalla macchina; è andare a prendere mia nonna e stupirla; è la consapevolezza di aver dato un lavoro ad altre persone; è poter scegliere di partire per un viaggio a New York domani stesso. Queste sono le emozioni del denaro, non il numero del saldo del conto corrente, né ostentare le "cose". È la libertà di scelta.

Già, la scelta.

In questo libro, la parola scelta è stata scritta moltissime volte. Nel *Real Game ChangeR* è una questione di priorità e decidere cosa si vuole ottenere e dove si vuole andare. Sì, perché sta solo a me e a te questa facoltà.

Decidi e agisci, anche se questo richiede sacrificio, se dovesse essere necessario lavorare fino alle 11 di sera o alzarsi alle 4 del mattino o la domenica, mentre gli altri sono al mare. Perché? Perché ne varrà sempre la pena ma tutto dipende da… le scelte che fai ogni giorno.

Il sacrificio fa parte del gioco, nulla è facile né garantito e trovare un equilibrio, realizzando i propri standard, è un lavoro costante e quotidiano. Ognuno ha i propri canoni, i miei non possono essere i tuoi così come, al contrario, i tuoi non possono essere i miei e, soprattutto, non è detto che i reciproci ci rendano felici in base alla nostra natura.

Ora prima di salutarci, permettimi giusto qualche "pagliuzza", pillola, delle piccole considerazioni, frasi profonde che mi hanno cambiato la visione di molte cose. Se ne facessi anche solo una tua, ne sarò davvero onorato.

Ascoltati, fatti domande e lavora di profonda introspezione solo su ciò che tu vuoi. Non permettere a nessuno di intralciare il tuo viaggio. Proiettati sulle soluzioni e mai sui problemi. Le soluzioni ci sono sempre e se non ci sono, si creano.

"Se c'è una soluzione perché ti preoccupi?
"Se non c'è una soluzione perché ti preoccupi?"

Questa frase di Aristotele, attribuita anche a Confucio, è sicuramente di quelle che possono essere inserite nella lista delle "frasi segnanti".

"Impossibile non esiste!"

"O troveremo una strada o ne costruiremo una." Cit. Annibale.

Rivolgi il tuo sguardo al futuro, al qui e ora, il passato è andato: basta sensi di colpa e rimproveri. Accetta e lascia andare. Non rinnegare mai da dove sei partito, conta solo dove vuoi andare.

"Sii gentile con le vecchie versioni di te. Non sapevano tutto quello che sai oggi."

A questa frase sono particolarmente "affezionato" perché per anni, in quasi tutto il decorso della mia vita, ho accusato e "dato addosso" alle mie "vecchie" versioni di me, criticandomi e persino "odiandomi"; sentendomi in frustrazione costante mi sono dato delle "stupido" per non aver mai cambiato prima il modo di essere. Sono stato un giudice molto severo e intollerante con tutte quelle versioni di Cristian.

Oggi, dopo un lungo percorso di sofferenza e consapevolezza ho realizzato che, in primis, avrei dovuto accettarle completamente così come sono, nella loro imperfezione (imperfezione poi rispetto a che cosa? Quali canoni?) e oltretutto tutte quelle sfaccettature erano e sono state necessarie a proiettarmi dove sono e a plasmare chi sono e cosa ho realizzato e, in particolar modo, dove sarò, chi sarò e cosa realizzerò!

Ad un certo punto ho capito che sarò per sempre riconoscente verso tutte quelle versioni.

"Non aver paura della perfezione, tanto non la raggiungerai mai." Cit. Salvador Dalì.

Ci sono alcune parole che ho tatuato anche sul mio corpo, proprio per ricordarmi le mie fondamenta.

"Gratitude". Uno dei sentimenti più nobili per me. È un inno alla riconoscenza verso tutto ciò che ho. E non parlo di materialismo.

"La gratitudine è non solo la più grande delle virtù, ma la madre di tutte le altre" Cit. Cicerone.

Sulla mano destra ho **"Give"**, ossia dare, sulla sinistra **"Take"**, prendere. L'equilibrio del donare e del ricevere. **"Always Toghether"** e ***"Ohana"*** per la famiglia, sempre insieme.

"Success is never owned, it is rented and the rent is due every day", ossia *"il successo non è mai proprio, è in affitto e l'affitto si paga tutti i giorni".* Già…

Adesso, davvero, chiudo con questa frase:

"Chi dice che è impossibile non dovrebbe disturbare chi ce la sta facendo." Cit. Einstein.

A tal proposito, chi non è d'accordo con le parole di questo libro, se non desidera apportare un cambiamento nella propria vita, se non sente di voler evolvere, è giusto che rimanga coerente con se stesso e che si prenda la responsabilità di non intralciare il cammino di chi, al contrario, ha voglia di farlo ed ha iniziato o sta perseguendo nel suo processo di crescita.

A queste persone faccio i miei più sentiti complimenti e, inoltre, caldeggio vivamente di farsi scivolare le critiche non costruttive, fatte da chi passa la vita a lamentarsi, a puntare il dito sugli altri per i "propri" fallimenti piuttosto che muoversi e mettersi davvero in gioco.

E per ultimo, questa volta realmente, ecco lo scopo degli scopi di questo libro.

Rendermi fiero.

Attraverso tutto il lavoro fatto su di me, lo sono davvero stato in passato ma è ciò che ogni giorno perseguo, anche con questo libro. Rendermi fiero di me stesso, ispirando le persone e dandogli la consapevolezza che abbiamo, sempre, la possibilità di *scelta*. Per tanti anni noi tutti abbiamo creduto che un uomo dalla pancia enorme, la barba e il vestito rosso scendesse dal camino a farci visita. Ora non abbiamo più scusanti per non credere solo in noi stessi!

Nell'osservarti la mattina davanti allo specchio quando ti svegli sii…

FIERO DI TE STESSO!

E agisci ogni istante per esserlo. Sempre.
Cristian Trio.

Ringraziamenti

Di solito il capitolo dei ringraziamenti si salta, quando si legge. T'invito comunque a leggerlo perché per ogni persona che ho deciso di inserire, ci sono delle lezioni di vita imparate, molto importanti per me: chissà se qualcuna non valga anche per te.

Il mio valore fondamentale nella vita è la gratitudine, come ho già scritto, perciò reputo doveroso ringraziare le persone più importanti della mia vita, o che hanno avuto un impatto considerevole a cui devo molto, senza le quali non sarei la persona che sono oggi.

Il primo ringraziamento va a **Te**, che hai comprato questo libro: grazie per la fiducia che mi hai dato. È stato un onore sapere che hai dedicato il tuo prezioso tempo per la lettura dei miei scritti.

Un ringraziamento speciale va a mia madre, persona, amica e socia straordinaria, **Vesna Ilic**, che mi ha cresciuto con i giusti valori, spronandomi ad essere sempre più una persona migliore, rendendomi il percorso a volte anche difficile per temprare il mio carattere e prepararmi ad ogni sfida della vita. Lei stessa ha avuto un trascorso pieno di difficoltà, ma di quelle vere e pesanti. Eppure non solo non si è lasciata abbattere ma nemmeno mai fermare, continuando ad essere un esempio concreto di "garra", di fame e un esempio vivente del "non mollare mai", nonostante tutte le avversità. Non avrei potuto chiedere di meglio. Posso affermare con estremo orgoglio che rappresenta un modello di vita e di approccio alla stessa sotto tutti i punti di vista.

La mentore che ogni persona al mondo vorrebbe!

Un enorme grazie va a mia nonna, **Ilic Mirjana**. Ha dato il 100% di se stessa per farmi crescere al meglio, con tutto l'amore e l'impegno che poteva metterci. Ha vissuto affinché potessi diventare la versione migliore di me stesso, guardandomi ogni giorno con gli occhi fieri di una nonna che sapeva già quale sarebbe stato il mio cammino. C'è la sua impronta in tanto di ciò che sono oggi e le sarò eternamente grato. Lei non è stata una nonna, è stata, ed è, "LA" nonna per eccellenza. Mi sento profondamente fortunato e grato per questo.

Un altrettanto enorme grazie va a mio nonno, **Ilic Slobodan**, che ha persino deciso di cambiare paese, appena sono nato, per mettere anche la sua, di impronta, nella mia vita. Malgrado le difficoltà ha, per me, bypassato la barriera linguistica; ha ignorato le sue fatiche nell'esprimersi in italiano, mettendo il 100% del focus su di me e sul mio benessere. Mi ha insegnato a camminare, quando avevo solo otto mesi e mezzo di vita. È stato un nonno amorevole ma allo stesso tempo concentrato ad essere parte integrante di una crescita sana e concreta. Grazie "dantone"!

Grazie a Zia Tina, **Tina Trio**, mia zia "di sangue", come la definirebbero tutti. Anche in questo caso, non chiamatela "solo" zia. Lei è stata "complice" del periodo "biberon per Francesco", senza mai farmi sentire a disagio. Ha avuto il coraggio e la freddezza di andare contro tutto e tutti per me, per suo nipote. Mi ha scelto, ha combattuto anche contro molte persone, tra cui la sua stessa famiglia, in alcuni casi. Lo ha fatto con amore incondizionato e questo non lo dimenticherò mai.

Grazie a **Patrizia Rossi**, in primis, persona a dir poco meravigliosa: la communication strategist che qualunque azienda del mondo dovrebbe avere per poter essere la migliore nel proprio campo. Una professionista esemplare, definita "la schiacciasassi col tutu", con un carattere molto forte ma con una sensibilità fuori dal comune. Sarò per sempre grato di averla incontrata e che sia entrata a far parte della mia vita.

Grazie a **Lucy**. Un altro esempio concreto di donna forte con gli attributi (le cosiddette palle). Persona splendida, che ha sempre cercato di trovare le parole giuste per dirmi le cose, anche quando si è trattato di qualcosa di scomodo, trovando il giusto tatto e la giusta modalità. Professionista di prim'ordine, la Numero Uno nella sua materia, rimanendo con tantissima umiltà. Mi ha trattato come un fratello minore. Grazie di esserci!

Un enorme grazie al mio ufficio stampa per la professionalità, impegno, dedizione e non meno importante lo straordinario spessore umano che rende la collaborazione ancora più completa.

Un gigantesco grazie a **Raffaella Iannaccone**, donna cazzuta ma allo stesso tempo dolcissima, con un passato non semplice ma che, nonostante tutto, ha un'energia ed una luce invidiabili. Grazie per aver intrapreso con me questo meraviglioso percorso, che sono sicuro sarà d'aiuto a molte persone.

Grazie mille al "Super Boss", **Alfio Bardolla**. Quando ero piccolo mi chiamava "il boccia", in modo affettuoso, e per certi versi una parte di me credo che per lui sarà sempre così. Lo ringrazio infinitamente per essere stato, ed è tutt'ora, un'immagine straordinaria di imprenditorialità pura, di diversificazione, di approccio proattivo al business e alla crescita personale. Grazie per avermi donato l'opportunità di esser stato prima coach e poi responsabile dell'area immobili della tua creatura, della "Alfio Bardolla Training Group". Grazie del rispetto che mi dimostri oggi e grazie perché mi tratti come un tuo pari.

Grazie mille a **Giacomo Bruno**. Non smetterò mai di affermare che per me è una persona veramente spettacolare, professionista incredibile, che non ha mai perso la sua essenza e i suoi valori. Grazie per aver pubblicato questo libro, ed esserti messo in prima linea all'inizio, nel momento clou. Sono felice e fiero che sia la tua casa editrice a pubblicare questo libro.

Grazie mille a **Roberto Re**, uomo dalle mille energie e soprattutto persona in grado di trasformare qualunque "brutto anatroccolo" in un'opera d'arte. Ti sarò per sempre grato per il "Leadership Seminar", per avermi insegnato a guardarmi dentro, a diventare costantemente introspettivo e ad avermi fornito gli strumenti per lavorare su di me, che tutt'ora metto in pratica.

Grazie mille a **Roberto**: non è un semplice personal trainer ma un vero e proprio maestro di vita. Non smetterò mai di ringraziarlo per aver permesso di darmi una chance, mostrandomi un altro modo di vedere il mio corpo e di considerare l'allenamento e l'alimentazione. Mi ha fatto smettere di "scappare via da un brutto corpo" facendomi "andare verso un qualcosa di migliore". Sono uscito dal tunnel della non accettazione del mio corpo, grazie lui, l'artefice principale di questa vittoria. Gli sarò grato ogni giorno della mia vita.

Grazie ad **Antonio**, grande amico e professionista. Mi ha aperto ad un mondo ricco di opportunità, quello tecnologico, condividendo senza riserve le sue conoscenze ed esperienze, supportandomi e aiutandomi a crescere in maniera esponenziale.

Grazie infinite a **Davide Chesi**, mio "hermano", persona splendida e meravigliosa. Ci siamo conosciuti dopo il mio primo speech sul palco, che è stato il suo primo corso; da lì si è creato un rapporto incredibile. Posso affermare che è parte integrante della mia famiglia, della mia *Ohana,* e lo sarà sempre e per sempre. Grazie per avermi spronato a scrivere questo libro, facendoti in quattro. Grazie per credere in me ogni giorno, condividendo tutti gli step della crescita. Grazie!

Grazie mille ad **Alessandro Cinti**, il mio "fratellone" (anche se ci passiamo appena due mesi e mezzo di età). Ci conosciamo da tutta la vita. Con lui c'è uno di quei legami indissolubili, che hanno superato qualunque cosa, più forti del tempo e della distanza. Ho migliaia di immagini nella testa che non scorderò mai e l'idea che faccia parte della mia vita è per me un dono stupendo.

Grazie infinite a **Marco Mellini**, amico fraterno, imprenditore straordinario e persona piena di valori fondamentali. Ha sempre avuto delle parole bellissime per me e gioito dei miei risultati, usandoli come sprono a migliorare se stesso. Mi è stato vicino nei momenti di forte cambiamento, dando sempre la sua opinione oggettiva. Ce lo siamo detti: per giugno 2023, è quasi arrivato il momento di portare a casa quello che ha scritto sul mio ultimo biglietto di auguri! Grazie amico mio!

Grazie mille a **Sabrina Lovallo**, "Zia Sabry". Mi ha sempre, e sottolineo, sempre, trattato come Cristian Trio, mai come "il figlio di…", "il nipote di…", "l'amico di…". Ha sempre cercato di farmi capire le cose prima che accadessero, mettendoci estrema delicatezza e mangiandosi spesso il fegato quando facevo delle pessime scelte ma evitando di intervenire, per fare in modo che ci arrivassi da solo. Ti voglio un bene immenso e ti sono grato, ogni giorno.

Un enorme grazie lo faccio a **Suor Teresa**, mia maestra di matematica alle medie e poi professoressa di matematica e fisica al liceo. Persona stupenda. Mi ha sempre voluto bene, anche quando da bravo "testone" studiavo il meno possibile, perché sfruttavo la mia acutezza per arrivare alle cose. È uno dei miei ricordi più belli del periodo scolastico e la ringrazierò per sempre per tutti gli insegnamenti.

Un immenso grazie lo faccio anche a **Suor Annunciazione**, anche lei persona straordinaria e un altro dei ricordi più significativi del periodo scolastico. Mi fa male non poterle portare fisicamente una copia di questo libro e non poter condividere con lei dove è arrivato "quel ragazzo" timido e introverso che ha conosciuto a scuola. Tuttavia, so che da qualche parte lei sta osservando tutto ed è fiera di ciò.

Grazie al **Professor Marcellino**, che mi ha sempre trattato come una persona, mai nel ruolo di "alunno" o "ragazzo". Vedeva in me delle cose che io non riuscivo a intravedere, o che addirittura pensavo non esistessero nemmeno. C'è sempre stato un rispetto reciproco incredibile. Una volta, in un colloquio con mia madre, alzandosi in piedi, mi ha definito "un vero signore d'animo". Grazie!

Grazie mille alla mia Maestra, **Tatiana Nelli**, che è stata molto più di una maestra. È sempre stata una donna dall'anima pura, pronta ad aiutare e mettersi in gioco per far crescere i bambini che accudiva. Avrò per sempre ricordi emozionanti, e la sarò grato per esser stata un fulcro fondamentale della mia educazione e crescita.

Grazie infinite alla mia compagna, per supportarmi in tutto e per tutto, per starmi accanto nonostante il mio andare a "duemila" ed il mio essere super vulcanico (riconosco che non è per niente semplice). Donna dai valori profondi, cazzuta, dal forte carattere, piena di grinta, con una voglia matta di crescere e migliorarsi costantemente, seguendo con estrema umiltà i consigli e gli spunti che le vengono dati. Grazie per l'energia che mi trasmetti ogni giorno e grazie per dimostrarmi quotidianamente tutto l'amore che provi per me.

Ringrazio tutti i collaboratori delle mie società; ogni persona che lavora con me. Tutti sono parte integrante dei risultati che otteniamo ogni anno. Sono fiero di essere circondato da persone che spostano continuamente i propri limiti e che alzano l'asticella, felici ed entusiasti ogni giorno del proprio lavoro, conseguendo tutti insieme risultati sempre più straordinari.

Grazie mille a **Luciano**, grande uomo e professionista esemplare. Si è sempre messo in gioco, dando tutto se stesso in campo. La gratitudine nei suoi confronti è inestimabile.

Grazie infinite a **Luca Cergogna,** amico fraterno e anche mio coach di tennis. Ci siamo conosciuti tanti anni fa, condividendo la passione per i videogiochi e da lì il nostro rapporto si è sempre più consolidato. Grazie per spronarmi sempre a migliorare, per dedicarti in ogni allenamento a farmi affinare la tecnica ma grazie soprattutto per la dedizione che metti nel cercare di farmi settare sempre il giusto mindset per affrontare gli allenamenti e le partite. C'è un "Roger" da spodestare!

Grazie mille alla mia governante. Grazie per l'amore e attenzione che usi in ogni piccola cosa, per mettere tutta te stessa per farmi tenere uno stile di vita sano e per rendere la mia casa un luogo sempre accogliente e confortevole.

Grazie mille a **Jada Tropeano,** che faccio impazzire quando le chiedo le scarpe numero 50 del mio stilista preferito, *Louis Vuitton*, o abbigliamento difficile da trovare amando le versioni *limited*. Grazie per fare i salti mortali, ogni volta, per accontentarmi e avendo sempre pronto il sorriso sulla bocca.

Grazie ai miei sarti che si fanno in quattro per soddisfare le mie richieste un po' particolari, riuscendo a portare a termine progetti meravigliosi. Grazie!

Grazie mille a **Daniele Indino**, sales manager di *Lamborghini Milano*, professionista esemplare. Ha messo sempre in campo tutto quanto poteva per accontentarmi in ogni modo, come dopo l'ordine, la consegna record della Urus. Ha replicato la stessa cosa quando ho ordinato la Huracan STO. Grazie infinte!

Ringrazio calorosamente anche chi non ha mai creduto in me, chi ha provato a tirarmi giù, chi mi diceva che non ce l'avrei mai fatta e che sarei stato uno qualunque. Ringrazio in modo robusto e deciso chi mi ha remato contro e chi ha cercato di puntare sulle mie debolezze per spezzarmi. Grazie anche a chi non crede ancora oggi in me, e chi non lo farà nemmeno mai in futuro. In parte, anche voi siete stati una leva che mi ha spinto a combattere ogni giorno; mi avete reso più forte.

Grazie a chi cercherà di buttarmi giù d'ora in avanti, perché se lo aveste fatto qualche anno fa avreste avuto qualche possibilità in più. Oggi, al contrario, sono pronto a combattere con le unghie e con i denti, ed ho un intero esercito pronto al mio fianco. Mi permetterete di irrobustirmi ancora di più, rendendomi ancor più inarrestabile.

Grazie a tutte le persone che ho incontrato e mi hanno lasciato qualcosa: mi servirebbe un libro in più per ringraziare tutti personalmente. Vi sono estremamente grato. Fate parte della mia vita anche se il vostro nome non è menzionato. Ma chi è presente nel mio cuore o lo è stato, lo sa.

Per concludere, devo un gigantesco, smisurato e mastodontico *grazie* alla persona più importante della mia vita.

Me stesso: **Cristian Trio**.

Devo dire grazie a quel bambino, diventato ragazzo e trasformato poi in uomo.

Grazie a tutte le parti di me che non hanno mai perso la speranza e la grinta di farmi diventare la migliore versione di se stesso. Mi ringrazio per le notti insonni, per lo stress, per gli errori e per tutti i momenti bui, perché è grazie a questi che sono cresciuto, maturato ed ho gettato basi ancor più solide per la mia crescita che non si ferma mai. Grazie anche al me stesso di qualche anno fa che non si amava, perché ogni giorno mi ricorda con umiltà da dove sono partito e mi dona ancor più grinta per costruire quel percorso che, sono certo, mi porterà sempre più lontano e in alto.

Oggi non mi sento per niente arrivato. Anzi, sono appena partito ma trovo giusto darmi una pacca sulla spalla, proprio mentre sto scrivendo queste parole e guardarmi indietro e gioire dei miei risultati, soprattutto per come sono stati conseguiti: sudore, dedizione, impegno, anima, fame e gioia.

Mai nulla va dato per scontato, anzi va anche riconosciuto ogni tanto: posso affermare di essere davvero fiero di me!